Eliot Weinberger

Neulich in Amerika

Herausgegeben von Beatrice Faßbender

Aus dem Englischen von
Beatrice Faßbender, Eike Schönfeld
und Peter Torberg

BERENBERG

Ratschläge
für Washington aus
dem Alten China
7

Bushs Amerika

Staatsstreich
ohne Blutvergießen
15

Wo ist der Westen?
31

Die Republikaner:
ein Prosagedicht
41

Was ich hörte
vom Irak
77

Trumps Amerika

Wen sie hätten
nehmen können …
129

Wer alles
nicht für Trump
stimmen wird
145

Zehn typische Tage
in Trumps Amerika
163

Ein Sommer
in Amerika
197

Das amerikanische Virus:
zwei Wochen im Mai
241

Ratschläge
für Washington aus
dem Alten China

Im zweiten Jahrhundert v. Chr. bat Liu An, der König von Huai-nan, die Gelehrten an seinem Hof, ein Buch zu erstellen, das alles umreiße, was ein weiser Monarch über Staatskunst, Philosophie und allgemeine Welterkenntnis wissen sollte. Das Ergebnis war das gewaltige Huainanzi, *das in englischer Übersetzung neunhundert Seiten umfasst. Hier sind einige Auszüge:*

Weist ein Herrscher jene ab, die dem Gemeinwohl dienen, und setzt Menschen nach Freundschaft und Parteiungen ein, dann werden solche von bizarrer Begabung und frivoler Fertigkeit unangemessen befördert, während gewissenhafte Beamte behindert werden und nicht vorankommen. Auf diese Weise werden im ganzen Staat die Sitten der Menschen in Unordnung geraten, und fähige Beamte werden sich mühen.

Ignoriert der Herrscher, was er bewahren sollte, und streitet er mit seinen Ministern und Untergebenen über die Führung der Geschäfte, dann werden jene, die öffentliche Ämter bekleiden, sich darein vertiefen, ihre Stellung zu behalten, und werden jene, die mit öffentlichen Pflichten betraut sind, ihrer Entlassung entgehen, indem sie den Launen des Herrschers Folge leisten. Dies wird fähige Minister dazu veranlassen, ihre Weisheit zu verbergen.

Ist der Herrscher häufig davon erschöpft, dass er sich niederen Pflichten widmet, wird das Wohlverhalten im ganzen Staat verfallen. Sein Wissen allein wird zum Regieren nicht ausreichen, und ihm wird fehlen, was es für den Umgang mit der Welt braucht.

Biedern sich jene, welche die Zügel der Regierung in Händen halten, ihren Vorgesetzten an und begehen Fehler, so wird es keine Möglichkeit geben, sie zur Rechenschaft zu ziehen. Werden jene, die Verbrechen begehen, nicht bestraft, geraten die zahlreichen Beamten in Aufruhr und Unordnung, und Weisheit wird die Situation nicht lösen können. Grundlose Verleumdungen und nicht gerechtfertigtes Lob sprudeln hervor, und Erleuchtung wird die Situation nicht klären können.

Haben die Menschen nicht einmal ausgehöhlte Grotten oder Hütten aus Flechtwerk als Obdach, erfreut sich ein erleuchteter Herrscher nicht an hohen Terrassen und mehrgeschossigen Pavillons, verbundenen Kammern und prächtigen Räumen.

Der Herrscher sollte Schwierigkeiten erwägen, bevor sie auftreten, sich gegen Unheil wappnen, bevor es eintrifft, sich vor Verfehlungen hüten, auf Kleinigkeiten achtgeben und Gelüsten nicht freien Lauf lassen. Er sollte aufrecht sein und unbeirrbar, rein und unverdorben, bewandert sowohl in zivilen als auch in militärischen Dingen. Er sollte sich gebührlich verhalten. Bei Beförderungen und Degradierungen sollte er tun, was angemessen ist. Er sollte in der Stille leben und ausgeglichen sein.

Eines Herrschers Worte sollten nicht unbedacht gesprochen werden; seine Taten sollten nicht unbedacht ausgeführt werden. Er sollte bestimmen, was gut ist, und erst dann tätig werden.

Was dem Volk untersagt ist, darf der Herrscher selbst nicht praktizieren. Gebraucht ein Herrscher Verderbtheit zur Manipulation der Gesellschaft, wird er fraglos scheitern.

Ein Staat wird erhalten von Menschlichkeit und Rechtmäßigkeit. Mangelt es einem Staat an Rechtmäßigkeit, wird er, mag er auch groß sein, fraglos zugrunde gehen.

In einer Zeit des Niedergangs reißen die Oberen gern die Macht an sich und kennen keine Grenzen. Beamte verringern Belohnungen und erhöhen Strafen. Die Menschen mühen sich wütend ab, und Affären laugen sie aus, ohne irgendetwas zu erreichen.

Sind die Oberen unruhig und gereizt, sind die Unteren verunsichert.

In Hinblick auf das Gesetz ist der Herrscher in seinen Vorlieben und Abneigungen unbefangen. Er versucht nicht, das Hässliche zu beschönigen oder das Falsche gutzumachen.

Ist das eigene Geschick der Aufgabe dienlich, wird es nicht schwer sein, sie zu vollenden. Sind jene dienlich, welche der Herrscher einsetzt, wird das Land geordnet sein.

Ist der Herrscher lauter und aufrichtig, werden ehrliche Beamte ihre Pflichten erfüllen, und niederträchtige Menschen werden sich verborgen halten. Ist der Herrscher nicht aufrichtig, werden böse Menschen ihr Ziel erreichen, und die loyalen werden sich verstecken.

In einem gut geführten Land müssen jene, die über Politik beraten, in Einklang mit dem Gesetz sein; jene, die offizielle Tätigkeiten ausüben, müssen reglementiert werden. Vorgesetzte werten die verbürgte Leistung aus; Beamte verrichten ihre Arbeit effizient. Worte dürfen die Wirklichkeit nicht übertreffen. Taten dürfen das Gesetz nicht übertreten.

In einem ungeordneten Land werden jene, die von der Menge gelobt werden, reich entlohnt, ohne etwas geleistet zu haben. Jene, die ihren Pflichten nachkommen, werden bestraft, obwohl sie frei von Schuld sind. Der Herrscher tappt im Dunkeln und versteht nicht. Würdige unterbreiten keine Vorschläge. Beamte bilden Parteiungen; sich auf die Wirkung ihrer Worte verstehende Redner streifen umher; Leute schmücken ihre Taten aus. Jene, die als weise gelten, widmen sich Tricksereien und Betrug; hohe Beamte ergreifen die Macht. Klüngel und Lagerbildung verbreiten sich. Der Herrscher führt eifrig Projekte aus, die unnütz sind, während die Menschen verhärmt und erschöpft aussehen.

Der Herrscher nutzt die Weisheit der Welt, um Pläne zu machen. Sein persönliches Behagen entscheidet nicht über die Vergabe von Belohnungen. Sein persönlicher Groll entscheidet nicht über die Zumessung von Strafen. Darauf gründet sich seine ehrfurchtgebietende Würde, und seine Gesetze und Weisungen werden klar und präzise sein und nicht für harsch erachtet werden.

Ein Land, das als verloren gelten kann, ist nicht eines ohne Herrscher, sondern eines ohne Gesetze.

26. Februar 2018

Bushs Amerika

Staatsstreich
ohne Blutvergießen

Ein Romanautor schreibt mir: »Ist Dir schon aufgefallen, dass alle nur mit sarkastischem Unterton ein ›Gutes Neues Jahr‹ wünschen?« In den Stellenanzeigen der *New York Review of Books* sucht ein Akademikerpaar »im Gefolge der Bundeswahlen« nach Arbeitsmöglichkeiten im Ausland. Eine Washingtoner Bankangestellte, die ich nur flüchtig kenne, fragt mich, welche Zigarettenmarke ich bevorzuge; sie hat beschlossen, wieder mit dem Rauchen anzufangen. Freunde, denen ich auf der Straße begegne, sind nicht verärgert, sie wirken eher wie betäubt: Monatelang auf der Insel CNN gestrandet, dämmert ihnen nun langsam, dass keine Rettung naht. Die Vereinigten Staaten von Amerika haben gerade ihren ersten Staatsstreich erlebt.

Zwar floss kein Blut dabei, und die Panzer umstellten auch nicht das Weiße Haus, doch ist »Staatsstreich« kaum eine Übertreibung. In diesem Land, das sich selbst als Leuchtfeuer der Demokratie begreift, wurde Unrecht zu Recht erklärt, fand eine korrupte Machtergreifung statt. Lassen Sie mich kurz rekapitulieren:

Al Gore erhielt rund 540.000 Stimmen mehr als George W. Bush. Präsidentschaftswahlen werden allerdings nach dem archaischen System des Electoral Colleges, des Wahlleutegremiums, entschieden, in das jeder Bundesstaat Repräsentanten entsendet, die dem Willen der Wähler jenes Staates entsprechend abstimmen, und fast immer geschieht dies auf der Grundlage: Der Sieger kriegt alles. Das Electoral College, eine Erfindung des 18. Jahrhunderts, war ein bei Niederschrift der amerikanischen Verfassung in letzter Minute eingefügtes Zugeständnis an die Sklavenhalter im Süden. Die Repräsentanten wurden nach Bevölkerungszahlen zugeteilt; Sklaven durften natürlich nicht wählen, doch wurden sie bei der Berechnung zu Dreifünftel-Menschen erklärt, und so erhöhte sich die Bevölkerungszahl der Sklavenstaaten und deren Anteil an Repräsentanten. Außerdem glaubte man damals (eine Überlegung, an die heute niemand mehr denkt), eine Elite respektabler Wahlmänner schlösse die Möglichkeit aus, dass von einer unberechenbaren Bevölkerung ein ungeeigneter Kandidat gewählt würde. Die Gründerväter brachten, so scheint es, nur eine begrenzte Begeisterung für die Demokratie auf.

Wie jedermann nur zu gut weiß, ging das Rennen letzten November so knapp aus, dass der Wettstreit um das Electoral College von den Stimmen des Staates Florida abhing. Der Staat wird von George W. Bushs Bruder regiert; die Legislative ist in einem überwältigenden Maße republikanisch; und der Innenminister, der zugleich die Oberaufsicht über die Wahlen hat, war zugleich stellvertretender Vorsitzender der republikanischen Wahlkampagne in Florida.

Der Staat Florida ist seit langem berüchtigt für Schmiergelder unter Palmen, für Südstaaten-Provinzialität ohne Südstaaten-Gastfreundschaft und für politische Hetze ohne versüßende Rhetorikschnörkel. Erwartungsgemäß sah der technische Ablauf der Abstimmung von Wahlbezirk zu Wahlbezirk völlig anders aus. Reiche weiße Gemeinden, die vermutlich eher für Bush stimmten, verfügten über moderne Wahlcomputer. Schwarze Gemeinden – und Bush erhielt landesweit noch weniger schwarze Stimmen als selbst Ronald Reagan – hatten nur veraltete Maschinen, die Zehntausende von Stimmen nicht auszählten. In einem besonders bizarren Fall stellten Tausende jüdischer Pensionäre, von denen einige den Holocaust überlebt haben, fest, dass sie wegen eines schlecht gestalteten Wahlzettels aus Versehen für Pat Buchanan gestimmt hatten, Kandidat einer unbedeutenden Partei, der sich bewundernd über Adolf Hitler ausgelassen hatte.

Als die Wahlzettel von den Maschinen ausgezählt worden waren, hatte Bush mit einem Vorsprung von 547 von etwa sechs Millionen Stimmen gewonnen. Bei fast allen Wahlen in den USA führt ein derart knapper Vorsprung automatisch zu einer Nachzählung. Da die älteren Maschinen für ihre Ungenauigkeit berüchtigt sind – selbst ihr Erfinder hielt fest, dass sie einen Fehlerquotienten von 3 bis 5 Prozent aufweisen –, werden diese Nachzählungen normalerweise von Hand vorgenommen.

Der republikanische Innenminister weigerte sich, eine solche Nachzählung von Hand anzuordnen, und die von Republikanern beherrschte Legislative Floridas erklärte die Wahlen für gültig. Nach mehreren Wochen des Taktierens und Lavierens erreichte Gores Wahlkampagne endlich das Oberste Gericht Floridas, das eine erneute Stimmenauszählung anordnete. Ohne Unterlass behaupteten Republikaner im hysterischen Surrealismus der rund um die Uhr berichtenden Nachrichtenkanäle, dass die Demokraten die Wahlen »stehlen« würden und dass Menschen die Stimmen nicht so »objektiv« auszählen könnten wie Maschinen – dabei ist die Auszählung per

Hand in Bushs Heimatstaat Texas und in den meisten anderen Staaten üblich. Noch unheimlicher war allerdings die Praxis der Republikaner – im Stil der indischen Kongresspartei oder der mexikanischen PRI zu Amtszeiten –, gedungene Demonstranten herbeizukarren, die die Nachzählungen störten. Sie waren im Hilton untergebracht, und während eines extra organisierten Thanksgiving Dinners sang Wayne Newton, der eigens eingeflogene regierende König von Las Vegas, für sie. Die Demonstrationen waren derart gewalttätig, dass das Wahlbüro in Miami-Dade County, Ort größter Hoffnungen auf weitere Stimmen für Gore, geschlossen werden musste.

Es war allen klar, dass Gore die Nachzählung für sich entscheiden würde – um mindestens 20.000 Stimmen, so die Schätzung des konservativen *Miami Herald*. Also wandten sich die Republikaner an den Supreme Court, das Oberste Bundesgericht. Die nach den Gesetzen des Bundesstaates Florida vorgeschriebene Frist zur Wahl der Repräsentanten zum Electoral College endete am 12. Dezember. Am 9. Dezember – als nach endlosen Anwaltsschlachten endlich ein System zur korrekten Stimmenauszählung erdacht war – unterbrach der Supreme Court alle weiteren Aktionen für die Dauer der Verhandlungen auf Grundlage der verstörenden Feststellung, dass eine erneute Zählung der Stimmen Bush »irreparablen Schaden« zufügen würde, da es seinen Sieg in Zweifel ziehen könnte. (Der irreparable Schaden für Gore war keiner Rede wert.) Das Abstimmungsergebnis lautete fünf zu vier.

Die Richter und Richterinnen des Supreme Court werden auf Lebenszeit berufen; sieben der neun Amtsinhaber sind von republikanischen Präsidenten berufen worden. Sandra Day O'Connor hat öffentlich kundgetan, dass sie gern in Ruhestand treten wolle, dies aber nicht tue, falls ein Demokrat zum Präsidenten gewählt würde. Die Gattin von Clarence Thomas, eines weiteren Richters, arbeitete bereits in Bushs Übergangsteam und interviewte Bewerber für die Stellen in der neuen Verwaltung. Der Sohn von Anthony Scalia (ebenfalls Richter am Obersten Gericht) war Partner in der Anwaltskanzlei, die Bush vor Gericht vertrat. Zudem hatte Gore im Verlauf der Wahlkampagne versprochen – ohne zu ahnen, dass genau diese Personen die Wahl zu entscheiden haben würden –, dass er keine Richter wie die halsstarrig rechtsgerichteten Thomas und Scalia ins Amt berufen würde; Bush hatte geäußert, sie seien genau die Sorte Richter, die er haben wolle – schließlich habe sein Vater sie ernannt.

Am 12. Dezember um 22 Uhr entschied das Gericht erneut mit einer Stimme Mehrheit gegen eine Neuauszählung, aus drei Gründen: Es waren nur noch zwei Stunden bis zum Ablauf der Frist – dank ihres eigenen Zögerns –, also war es zu spät; das Oberste Gericht Floridas hatte in Sachen einer Wahl in Florida nichts zu entscheiden; die neuerliche Zählung der Stimmen war verfassungswidrig, da die verschiedenen Abstimmungsverfahren und die verschiedenen Arten, sie auszuzählen, dem 14. Zusatz zur Verfassung widersprachen, der allen Bürgern »gleichen Schutz« garantiert. Obwohl die politische Schieflage und die Verlogenheit dieser Gründe offensichtlich waren, war Bush nun legal und unwiderruflich Präsident der Vereinigten Staaten geworden.

Diese Entscheidung führte zu einem praktischen Dilemma. Jede Gemeinde in den Staaten wählt anders, es gibt verschiedene Wahlzettel und verschiedene Maschinen. Zu behaupten, dass diese Unterschiede verfassungswidrig seien, würde den Weg bereiten, jede zukünftige regionale und nationale Wahl im Lande in Frage zu stellen. So entschied das Gericht erstaunlicherweise, dass dieser Verfassungsbruch nur dieses eine Mal und nur auf die Wahl in Florida zutraf.

Worum es im Kern ging, formulierte Richter John Paul Stevens in seiner Minderheitsmeinung: »Auch wenn wir niemals mit absoluter Gewissheit erfahren werden, wer die diesjährigen Präsidentschaftswahlen gewonnen hat, so steht doch eindeutig fest, wer sie verloren hat. Es ist das landesweite Vertrauen in dieses Gericht als unabhängiger Hüter des Rechts.« Bis zum 12. Dezember hatten die Amerikaner blindes Vertrauen in den Supreme Court: Ganz gleich wie korrupt oder fehlgeleitet die Exekutive oder Legislative auch war, die über allem stehende Interessenfreiheit der Justiz würde auf jeden Fall Bestand haben. Diese flagrante Politisierung des Supreme Courts stellt den größten Schock des Systems seit Watergate und Nixons Amtsniederlegung dar. Welche Auswirkungen das hat, bleibt abzuwarten.

Es gibt Staatsstreiche, die von mächtigen Personen geführt werden, um selbst an die Macht zu kommen, und solche, bei denen mächtige Interessengruppen eine Galionsfigur installieren. Bei der amerikanischen Variante geht es offenkundig um Letzteres. Wenn man George W. Bushs bisherige Amtstätigkeit betrachtet, so ist er der am wenigsten qualifizierte Mensch, der jemals Präsident geworden ist. Den Großteil seines Lebens hat er so verbracht, wie es typisch ist für eine uns aus spätpubertären Tagen vertraute Art: der reiche Bad Boy, der andauernd mit neuen Ideen für eine Party oder einen üblen Scherz ankommt; Enkel eines bekannten Senators und

Botschafters; Sohn eines Kongressabgeordneten, Botschafters, CIA-Chefs, Vizepräsidenten und Präsidenten. Die guten Kontakte seiner Familie brachten ihn nach Yale und Harvard, wo er seine Zeit unter anderem mit solchen Aktivitäten verbrachte, wie neu aufgenommene Mitglieder seiner Studentenverbindung persönlich mit einem heißen Eisen zu brandmarken. Die Familie sicherte ihm gute Abschlussnoten und Millionenkredite von reichen Freunden, um damit Geschäfte zu machen, die samt und sonders den Bach hinuntergingen.

Der Erfolg stellte sich ein, als sein Vater Präsident wurde. Eine Gruppe von texanischen Millionären beschloss, ein mittelmäßiges Baseballteam zu kaufen, und ganz hinterlistig setzten sie den Sohn des Präsidenten als Generalmanager dieses Teams ein. Seine Aufgabe bestand darin, den Staat Texas dazu zu bringen, dem Team ein Stadion zu bauen, und zwar auf Kosten der Steuerzahler. Bush hatte Erfolg damit, ein luxuriöses Stadion wurde gebaut, das die Leute in Scharen anzog. Bush jr. war zweifellos ein freundlicher und überzeugender Typ, und jetzt, da er seinen lebenslangen Exzessen mit Alkohol und Drogen abgeschworen und, wie man so sagt, Jesus Christus in sein Herz gelassen hatte, erkannte man auf den Golfplätzen, auf denen derlei Entscheidungen getroffen werden, dass der Junior einen prima Gouverneur abgeben würde. Einige Monate nach seiner Wahl wurde die Baseballmannschaft für ein Vermögen verkauft, und die Geschäftspartner beschlossen, ihm – aus eigener Tasche – viele Millionen mehr als seinen regulären Anteil zu zahlen. Das war natürlich nur in Anerkennung seiner Verdienste und hatte nichts damit zu tun, dass er als Gouverneur milliardenschwere Aufträge zu vergeben hatte.

Bush ist womöglich nicht so dumm, wie es unermüdlich von den Cartoonisten und Fernsehkomikern dargestellt wird – auf einer der im Augenblick populärsten Seiten im Internet, *bushorchimp.com*, werden Fotos von Bush neben die von Schimpansen gestellt –, doch er ist vermutlich der am wenigsten interessierte Mensch auf Erden. Was bisher über ihn bekannt geworden ist, besteht aus dem, was er nicht tut. Er liest keine Bücher, geht nicht ins Kino, schaut nicht fern und hört sich keine Musik an. Trotz seines Reichtums beschränken sich seine bisherigen Auslandsreisen auf einen Strandurlaub in Mexiko, eine kurze Dienstreise nach Saudi-Arabien und einen Sommerurlaub in China, als sein Vater dort Botschafter war, wo er die Zeit damit zugebracht haben soll, »mit Chinesinnen auszugehen«. Während der fünf Wochen dauernden Auseinandersetzung um die Wahlergebnisse blieb Bush auf seiner Ranch, wo er keinen Fernseher hat. Mit anderen Worten: Bush war die einzige Person in den Vereinigten Staaten, die von den Feinheiten der nicht enden wollenden Geschichte nicht wie hypnotisiert war. Wie bei einem chinesischen Kaiser bestand Bushs Informationsquelle allein in dem, was ihm seine Bonzen zutrugen.

Er geht um zehn Uhr zu Bett und hält einen langen Mittagsschlaf; er hat stets sein Schlummerkissen bei sich. Er spielt gern Solitaire auf dem Computer, dazu ein Spiel namens Video Golf; seine Lieblingsspeise ist ein Erdnussbuttersandwich. Als Gouverneur las er niemals Akten, sondern ließ sich von Assistenten Zusammenfassungen vortragen; Details langweilen ihn. Seine Schwierigkeiten mit der englischen Sprache sind legendär, und es gibt eine täglich aktualisierte Website mit seinen geschundenen Sätzen. Eine Journalistin hat mal darüber spekuliert, ob er nicht vielleicht eine ernsthafte Lese-schwäche habe. Bush erwiderte darauf – und dies ist kein Witz, sondern eine belegte Anekdote –: »Diese Frau, die da sagt, ich hätte Dyslexie, die habe ich noch nie interviewt!«

Doch fast die Hälfte aller Wähler (24 Prozent der mögli-chen Wähler, denn nur 50 Prozent gingen zur Wahl) haben für ihn gestimmt, was weniger Bushs Fähigkeiten als Gores Un-beholfenheit zu verdanken ist. In einem neurotischen Anfall von Starrsinn beharrte Gore darauf, sich von Clinton als Per-son zu trennen – auch wenn sich nun wirklich niemand vor-stellen konnte, dass er seine eigenen Monicas unterm Tisch hocken hätte –, und nutzte die acht ökonomisch fetten Jah-re der Ära Clinton/Gore nicht für sich. Zudem gab er sich nicht damit ab, Bush mit den weniger populären Seiten der Republikanischen Partei in Verbindung zu bringen, wie zum Beispiel die fortgesetzten Untersuchungen gegen Clinton und die Anhörungen zum Amtsenthebungsverfahren – ein sechs Jahre währender Staatsstreich in Zeitlupe, der letztlich schei-terte. Am Ende ging es bei den Wahlen nur noch darum, wer als der Nettere ankam. Gore führte sich auf wie ein sehr ner-vöser Kindergärtner, der Ruhe bewahren will, und Bush war einfach nur der nette Kerl, der das Bier zur Party mitbringt.

Der letzte zutrauliche Depp als Präsident, Ronald Reagan, war in seiner Liebedienerei gegenüber dem, wie Eisenhower es nannte, »militärisch-industriellen Komplex« geradezu ser-vil. Steuern auf Unternehmen und Wohlhabende waren ver-schwindend gering, Verteidigungsausgaben stiegen in astro-nomische Höhen, das Land verplemperte seinen Überschuss, bis es Schulden in Billionenhöhe hatte. Die Mittelschicht verarmte, und die Armen wurden immer verzweifelter. Bush jedoch ist Teil einer neuen Machtstruktur, einer, die vielleicht noch furchterregender ist: der militärisch-industrielle-christlich-fundamentalistische Komplex.

Allen, gleich ob links oder rechts, ist klar, dass der unwichtigste Mann der neuen Regierung George W. Bush heißt. Seine Unwissenheit in allen Dingen des Regierens und der Welt ist so umfassend, dass er vollkommen von den Ratschlägen derjenigen in den Spitzenpositionen abhängig sein wird. Viele von ihnen stammen aus dem Pentagon. Dick Cheney, sein Vizepräsident – allgemein als der mächtigste Vize aller Zeiten angesehen –, war während des Golfkriegs Verteidigungsminister unter Bush senior. General Colin Powell, der Außenminister, ist ein charismatischer Mann mit der rührenden persönlichen Lebensgeschichte desjenigen, der sich aus der Armut erhebt – doch sollte dabei nicht vergessen werden, dass er dabei half, das Massaker von My Lai während des Vietnamkriegs zu vertuschen, dass er die Contras in Nicaragua beaufsichtigte und sowohl die Invasion Panamas als auch den Golfkrieg leitete. (Seine Berufung in das Amt stellt zudem einen Bruch mit dem ungeschriebenen Gesetz dar, dass Außenministerium und Pentagon, also Diplomatie und Militär, voneinander getrennt bleiben sollten, um sich gegenseitig zu kontrollieren.) Donald Rumsfeld, der Verteidigungsminister, ist ein übrig gebliebener Kalter Krieger, der dieses Amt schon in den Siebzigern unter Gerald Ford innegehabt hat und wohl aus dem künstlichen Tiefschlaf geholt worden ist. Er ist bekannt für seinen Widerstand gegen jede Art von Waffenkontrolle und für seine Begeisterung für die Kriegführung im Weltall.

Ihre Hauptanliegen werden darin bestehen, das science-fiction-hafte Star-Wars-Verteidigungssystem Ronald Reagans wiederaufleben zu lassen (gegen wen es gerichtet sein soll, ist allerdings unklar) und, was ebenso erschreckend ist, in den Irak zurückzukehren. In ihren Kreisen wird der Golfkrieg als Niederlage betrachtet, weil er nicht mit der Ermordung Saddam Husseins endete. Bush muss seinen Vater rehabilitieren, Cheney und Powell sich selbst. Am ersten Tag der Präsidentschaft Bushs fanden sich auf den Titelseiten der Zeitungen bereits wieder Geschichten von der erneuten Produktion von »Massenvernichtungsmitteln« im Irak. Die einzigen nicht mit Hintergedanken lancierten Meldungen sind die von Erdbeben und Flugzeugabstürzen; alles andere wird immer von irgendjemandem erfunden. Geht es mit der Wirtschaft wieder bergab, womit durchaus zu rechnen ist, dann wird eine Rückkehr in den Irak sicher die willkommenste Ablenkung bieten.

Clintons Wirtschaftsfreunde stammten zumeist von der Wall Street oder aus Hollywood; seine letzte Handlung als Präsident bestand darin, eine lange Liste von Schreibtischtätern zu begnadigen. Zumindest waren seine Wirtschaftsverbündeten ökologisch unbedenklich. Bushs kapitalistisches Universum, das sind die texanischen Öl-, Strom-, Bergbau- und Holzkonzerne.

Clinton hatte ein Moratorium gegen die wirtschaftliche Ausbeutung von bundeseigenem Territorium ausgerufen und mehrere Millionen Hektar Land zu geschützter Wildnis erklärt. Bush hat bereits verlautbaren lassen, dass er beabsichtige, dieses Land wieder für Bergbau und Ölbohrungen freizugeben, vor allem in Alaska. (Selbst sein loyaler Bruder kämpft gegen seine Pläne, vor den Stränden Floridas Ölbohrtürme zuzulassen.) Während Bushs Amtszeit als Gouverneur von Texas, als er eine Politik der freiwilligen Einhaltung von Abgasvorschriften verfolgte, entwickelte sich Houston zur Stadt mit der höchsten Luftverschmutzung in den Vereinigten Staaten – es bedarf keiner weiteren Erwähnung, dass die Schwerindustrie sich keinerlei Mühe gab, sich daran zu halten. Gayle Norton, die neue Innenministerin, weigerte sich als Justizministerin von Colorado, Umweltverschmutzer unter Anklage zu stellen, setzt sich vehement dafür ein, in den Nationalparks Bergbau und Ölbohrungen zu erlauben, und ist Feuer und Flamme dafür, dass die Umweltschutzauflagen nur freiwillig eingehalten werden sollen; sie glaubt nicht, dass die globale Erwärmung von Menschen gemacht ist, und sie ist bizarrerweise dagegen, Gesetze zum Verbot von Blei in Farben zu erlassen. Die neue Chefin der Umweltschutzbehörde EPA ist die ehemalige Gouverneurin von New Jersey, dem nach Texas am stärksten verschmutzten Staat, wo sie sich ebenfalls für die Freiwilligkeit der Umweltgesetze verwendete. Die neue Arbeitsministerin ist gegen Gewerkschaften, gegen Mindestlöhne und Sicherheitsvorschriften am Arbeitsplatz. Der neue Energieminister, ein ehemaliger Senator, hatte erfolglos versucht, ein Gesetz zur Auflösung des Energieministeriums einzubringen.

Dies alles ist schon schlimm genug, doch erinnert das an die Ära Reagan/Bush, als, um nur ein Beispiel zu nennen, die Person, die verantwortlich war für den Schutz bedrohter Tierarten, ein Großwildjäger war, dessen Büro mit den Schädeln der exotischen Tiere geschmückt war, die er geschossen hatte. Neu in der Ära Bush wird die Macht der christlichen Rechten sein.

Während des Wahlkampfs trat Bush unter dem Slogan *Compassionate Conservatism* an. Im Allgemeinen verstand man darunter, dass er sich als Fiskalkonservativer mit sozialem Herz darstellen wollte. Nicht ein einziges Mal gingen die großen Medien auf die Bedeutung dieses Begriffs ein. Er wurde von einem gewissen Marvin Olasky geprägt, einem ehemals jüdischen Kommunisten, der sich zu einem wiedererweckten Christen entwickelte, Herausgeber eines fundamentalistischen Wochenmagazins ist und Autor von *Compassionate Conservatism* und *The Tragedy of American Compassion* sowie solchen Machwerken wie *Prodigal Press: The Anti-Christian Bias of the American News Media* und *Telling the Truth: How to Revitalize Christian Journalism*.[†] Olasky ist Bushs liebster, nun, sagen wir mal »Vordenker«, und seine Vision vom »mitfühlenden Konservatismus« stellt ein sehr spezifisches Programm dar: Regierungsgelder, die dazu bestimmt sind, den Armen, Kranken, Analphabeten oder Drogensüchtigen zu helfen, sollten an private christliche Wohltätigkeitsorganisationen weitergereicht werden. Allerdings qualifizieren sich nicht alle – darunter auch einige der bekanntesten – für diese Gelder. Die einzigen Organisationen, die diese Steuergelder erhalten sollen, sind jene, bei denen den Hilfesuchenden Kirchgang und Bibelstudium vorgeschrieben sind.

Bush versuchte, in Texas ein solches Programm durchzusetzen, wurde dort aber letztlich von den Gerichten aus-

---

† Mitfühlender Konservatismus; Die Tragödie des amerikanischen Mitgefühls; Verlorene Presse: Die antichristliche Voreingenommenheit der amerikanischen Nachrichtenmedien; Die Wahrheit sagen: Wie der christliche Journalismus neu zu beleben ist.

gebremst. In der ersten Woche seiner Präsidentschaft hat er bereits ähnliche Pläne angekündigt. Als Mann, der öffentlich kundgetan hat, dass jene, die nicht an Jesus glauben, zur Hölle fahren werden, ist es für ihn nur natürlich, zu übersehen, dass die Trennung von Kirche und Staat zu den Fundamenten der amerikanischen Regierung gehört.

Während des Wahlkampfes versuchte er seine fundamentalistischen Verbindungen im Hintergrund zu halten und sprach von sich als »Einender, nicht Trennender«. Allerdings hielt er voller Freude eine Rede an einem evangelikalen College, der Bob Jones University, wo Studenten rausgeschmissen werden, wenn sie mit einer Person anderer Rasse ausgehen, und dessen Gründer den Katholizismus als »Religion des Antichristen und als satanisches System« bezeichnete.

Kaum war Bush Präsident geworden, legte er alle Kreidefresserei schleunigst ab. Seine Amtseinführung war in ihrer besonderen Erwähnung von Jesus Christus statt eines ökumenischen Gottes einzigartig. Zum Justizminister, dem wichtigsten innenpolitischen Posten im Kabinett – demjenigen, der alle Bundesrichter und Staatsanwälte ernennt und dafür verantwortlich ist, Bürgerrechte, Umweltschutz- und Antitrustgesetze durchzusetzen –, bestellte er den ehemaligen Gouverneur und Senator John Ashcroft, der regelmäßig in Zungen redet (ebenso wie Richter Clarence Thomas, das einzige schwarze Mitglied einer ansonsten rein weißen Pfingstgemeinde) und eine tragende Säule der Bob Jones University ist. Bei seiner Wahl zum Senator vor sechs Jahren goss sich Ashcroft Speiseöl über den Kopf, um sich so im Stile der biblischen Könige selbst zu salben. Vergangenen November wurde er bei der Wiederwahl demütigenderweise von einem

Toten geschlagen – sein Gegner war wenige Wochen zuvor bei einem Flugzeugabsturz ums Leben gekommen.

Ashcroft, der als das rechteste Mitglied des Senats bekannt war – rechter noch als der berüchtigte Jesse Helms –, hat sich gegen jede Form der Empfängnisverhütung ausgesprochen, gegen die Aufhebung der Rassenschranken in den Schulen, gegen öffentliche Förderung der Künste, gegen Umweltschutzvorschriften, gegen Atomtestsperrverträge, gegen den rechtlichen Schutz von Frauen oder Homosexuellen, gegen Regierungshilfe für Minderheiten und sogar gegen Promillegrenzen am Steuer. Angeblich glaubt er, dass der Mord an einem Arzt, der Abtreibungen durchführt, eine zu rechtfertigende Tötung ist.

Ashcroft ist nicht nur gegen jede Form von Waffenkontrolle, er ist auch mit einer Organisation namens *Gun Owners of America* verbunden, die glaubt, dass alle Lehrer Waffen tragen sollten, um mit widerspenstigen Schülern fertigzuwerden. Solche Ansichten sind im Team Bush durchaus nicht extrem, und dies in einem Land, in dem die Haupttodesursache bei Kindern Schussverletzungen sind, die meisten durch Unfälle. Als Kongressabgeordneter stimmte Vizepräsident Cheney gegen ein Gesetz, das Plastikwaffen untersagt, die jeden Flughafenmetalldetektor passieren – ein Gesetz, das selbst von der *National Rifle Association* befürwortet wurde. Vor ein paar Jahren erklärte Tom DeLay, ein ehemaliger Kammerjäger in Texas, der nun der einflussreichste Mann im Kongress ist, nach dem Schulmassaker an der Columbine High School in Colorado: »Ja, was erwarten Sie eigentlich, wenn diese Kinder in die Schule gehen und dort erzählt bekommen, dass sie von einer Horde Affen abstammen?«

Das Bizarrste ist vielleicht, dass sowohl Ashcroft als auch Innenminister Norton wie besessen davon sind, die Niederlage des Südens im Amerikanischen Bürgerkrieg zu rächen – und das, obwohl sie im Norden beziehungsweise Westen des Landes geboren wurden. Ashcroft steht mit einem Neokonföderierten-Magazin namens *Southern Partisan* in Verbindung, das den Glaubenssatz vertritt, die Rassen hätten zu Zeiten der Sklaverei am besten miteinander gelebt, und »Neger, Asiaten, Orientalen, Hispanics, Latinos und Osteuropäer [verstünden] von Natur aus nichts von Demokratie«. Das Magazin produziert unter anderem ein T-Shirt mit einem Bild von Abraham Lincoln und den Worten »Sic Semper Tyrannis«, die John Wilkes Booth rief, als er Lincoln erschoss. Ein solches T-Shirt trug Timothy McVeigh an dem Tag, als er das Regierungsgebäude von Oklahoma City in die Luft jagte.

Ashcroft ist derjenige, der für die Einhaltung der Gesetze in den Vereinigten Staaten zuständig sein wird. Ein Supreme Court, der seit dem 19. Jahrhundert nicht mehr so offen politisch war, wird verantwortlich für die letztgültige Auslegung dieser Gesetze sein. Der Präsident ist eine lächelnde Stoffpuppe, umgeben von erfahrenen und intelligenten Militärs, Industriellen und christlichen Fundamentalisten, die zusammen mit einer republikanischen Mehrheit im Kongress und ohne Gericht, das sie aufhalten könnte, im Prinzip tun und lassen können, was sie wollen. Die Vereinigten Staaten sind leider kein von Bergen umschlossenes Land im Himalaja oder in den Anden. Ein Erdbeben hier erschüttert die ganze Welt.

27. Januar 2001

Wo ist der Westen?[†]

Das Einzige, was über den Westen feststeht, ist, dass es nicht der Osten ist. Im Englischen aber – wie es im Deutschen ist, weiß ich nicht – ist es schwer zu sagen, wo der Osten liegt. Betrachtet man akademische Disziplinen, stellt man fest, dass das alte Mesopotamien im Nahen Osten liegt, der Irak aber im Mittleren Osten: Je näher es uns zeitlich kommt, desto weiter weg rückt es geografisch. China und Japan liegen im Fernen Osten, Indien aber liegt – trotz seiner östlichen Religionen – überhaupt nicht im Osten, sondern in Südasien. Orientalismus lautet unser Begriff für westliche Vorstellungen und Missverständnisse den Osten betreffend, doch die beiden klassischen Studien dazu, von Edward Said und Raymond Schwab, beschäftigen sich mit dem Mittleren Osten beziehungsweise mit Indien, und die Schlussfolgerungen der einen sind nicht auf die andere übertragbar. Und natürlich erschuf zu unserer Zeit der Kalte Krieg einen neuen Osten, einen, in dem, aus westlicher Perspektive, kein Unterschied zwischen Ostdeutschen und Nordkoreanern bestand.

† Statement für eine Podiumsdiskussion im Rahmen des Symposiums »Im Westen was Neues – Europa zwischen Postatlantismus und Postkommunismus« an der Volksbühne in Berlin (13./14. Mai 2003).

Das einzige, was über den Osten feststeht, ist, dass es nicht der Westen ist. Doch es ist schwer zu sagen, wo der Westen liegt. In vieler Hinsicht ist er sogar noch schwerer zu lokalisieren als der Osten. Man kann durchaus behaupten, dass es zweitausend Jahre lang – grob gesagt von 500 v. Chr. bis 1500 n. Chr. – ein griechisch-römisch-jüdisch-christlich-islamisches Kontinuum gab, eine untereinander verbundene, sich gegenseitig nährende, wenn auch häufig untereinander Krieg führende Zivilisation, die weitgehend isoliert von den damaligen Reichen oder Großstaaten in Mittelamerika, den Anden, China, Indien und Subsahara-Afrika und vollkommen anders als diese war. Womöglich ist das die einzige Periode, in der es eine westliche Zivilisation wirklich gab. (Und eine Zeit, als dieser Ort hier, wo wir gerade sitzen, sich weder im Westen noch im Osten befand, sondern im Norden.)

Nach 1492 veränderte sich der Westen dauerhaft, zunächst auf seinem eigenen Territorium durch die Abtrennung des Islam, dann durch seine kolonialistische Expansion in den größten Teil der restlichen Welt, was zu einer Reihe von Hybridkulturen führte, in denen mehr oder weniger westliche Werte herrschten, die aber dennoch niemand zum Westen gezählt hätte. Heute mögen sich die postkolonialen Staaten Asiens im Osten befinden, jene in Lateinamerika oder Afrika liegen aber nicht im Westen. Tatsächlich ist es schwer zu sagen, wo sie liegen, und bei Diskussionen über die atlantische oder gar post-atlantische Lage bleiben sie ungeachtet ihrer Küstenlinien üblicherweise außen vor.

Auf einer runden Erde kann der Westen kein Ziel, sondern nur eine Richtung sein, und selbst dann ist es noch lange nicht sicher, wohin diese Richtung führt. Um nur die letzten fünfzig Jahre allein in Europa zu nehmen: Wenn der Kommunismus der Osten war, was war dann der Westen? Faschismus, repräsentative Demokratie, Sozialismus, Semi-Sozialismus oder Laissez-faire-Kapitalismus? Was war westlicher, Dänemark oder Francos Spanien? Genauer gesagt könnte man behaupten, dass die zwei Staaten, die am fundamentalistischsten an westlichen Ideen festhielten – wenn auch an widersprüchlichen Ideen –, Mao Tse-tungs China und das Japan der Nachkriegszeit waren.

Mit anderen Worten, die Taxonomie war schon immer unbrauchbar – und dabei habe ich das Problem meiner eigenen kleinen *Heimat*, den USA, noch gar nicht angeschnitten –, und es bestand die Hoffnung, dass mit dem Ende des Kalten Krieges auch sie verschwinden würde, vor allem mit dem Aufkommen von Massenmigration und globaler Kommunikation. Doch das war nicht der Fall. Ein neuer Orient ist entstanden, womit so manche im Westen sich selbst zu definieren versuchen, und ironischerweise ist es der alte, nicht sehr fernöstliche Orient der islamischen Länder.

»Sie«, diese neuen / alten Orientalen, »hassen unsere Werte und unsere Art zu leben«, so George W. Bush. Doch diese westlichen Werte, wie sie Bush selbst definiert und praktiziert – oder vielmehr die Leute, die Bush sagen, was er zu tun und zu sagen hat –, beinhalten heute das Abschlachten unschuldiger Menschen in fernen Ländern, die keine echte Bedrohung für die USA darstellen; nationalistischen Militarismus und die Ästhetisierung von Gewalt; Gesetze, die nur für Angehörige bestimmter ethnischer Gruppen gelten; geheime Verhaftungen, Deportationen, die Aussetzung des Rechts auf Rechtsbeistand und einen Gerichtsprozess; die Todesstrafe; die Gleichsetzung von Kritik mit Verrat; die Zusammenstellung von Regierungsdossiers über die normalen Gewohnheiten normaler Bürger; zahllose Menschen, die auf den Rechnern der Sicherheitskräfte an den Flughäfen nun als potenzielle Terroristen geführt werden; ein Präsident, der gern in Militäruniform umherstolziert und glaubt, Gott habe ihm eine Mission aufgetragen; die Ausbreitung religiöser Aktivitäten wie tägliche Gebetskreise und Bibelgruppen innerhalb der Regierung eines Landes, das auf der Trennung von Kirche und Staat gründet; eine massive Aufrüstung buchstäblich auf Kosten der meisten Formen von Sozialhilfe; und eine ungehinderte Korruption, bei der sich diejenigen bereichern, die dem inneren Kreis des Präsidenten am nächsten stehen. Kurz gesagt ähnelt dieser neue ost-westliche »Kampf der Kulturen«, wie ihn die Konservativen nennen, am ehesten einer brüderlichen Auseinandersetzung zwischen eineiigen Zwillingen. (Und alle, die – wie die ewige Autorität Bernard Lewis[†] – darin einen Kampf zwischen dem Islam und der »Moderne« sehen, möchte ich Folgendes fragen: In welchem Land, dem Irak oder den Vereinigten Staaten, glauben 77 Prozent der Menschen, dass Engel noch immer die Erde besuchen, und sagen 20 Prozent, dass sie selbst einen gesehen haben? In welchem Land lehnt die Hälfte der Bevölkerung die Evolutionstheorie ab und versuchen ganze Bundesstaaten, sie als Unterrichtsstoff zu verbieten? In welchem Land sagen 68 Prozent, dass es den Teufel wirklich gibt, 20 Prozent, dass es den Teu-

[†] Der Publizist und Historiker (1916–2018) war Politikberater von George W. Bush und ein Befürworter des Irakkriegs. [Anm. d. Ü.]

fel nicht gibt, und 12 Prozent, dass sie unsicher sind? Sobald man MTV ausschaltet, gleicht die amerikanische Moderne einem mittelalterlichen Kloster.)

Es ist ziemlich offensichtlich, dass der Nordatlantik mit dem Aufstieg Bushs und den Kriegen in Afghanistan und im Irak so breit wie nie geworden ist – mit Ausnahme des armen Englands, das zu einer Art Osterinsel geworden ist, fern jeden Festlands. Die Frage ist, ob dies ein zeitweiliges Zerwürfnis ist, hervorgerufen durch die nicht gewählte Junta, die die Vereinigten Staaten derzeit regiert, eines, das wieder vorübergeht, sobald die USA – sollten wir das noch erleben – eine andere Regierung haben, oder ob diese Junta innerhalb dessen, was einst als Westen galt, eine extreme Manifestation dauerhafter und unversöhnlicher Differenzen zwischen den USA und Europa darstellt.

Ich gestehe, dass ich, als Außenseiter, eine utopische Vision von Europa habe. Meiner Ansicht nach sind die zwei maßgeblichen – und untrennbar miteinander verbunden – Kriterien, mit denen sich Erfolg oder Misserfolg einer Regierung beurteilen lassen, unbedingte Meinungsfreiheit und die Lebensqualität einfacher Bürgerinnen und Bürger. Gemessen daran, kann man sagen, dass die meisten westeuropäischen Länder in der Nachkriegszeit die perfektesten großstaatlichen Gesellschaften der Menschheitsgeschichte geschaffen haben. Nie zuvor ging es Fabrikarbeitern so gut, und nie zuvor waren sie, Männer wie Frauen, so frei zu sagen, wie schlimm es steht.

Dieses Utopia – trotz der vielen Unzulänglichkeiten im Detail, die groß erscheinen, wenn man darin lebt, und klein, wenn man sie aus der Ferne betrachtet – wurde, natürlich neben vielem anderen, durch Gemeinsinn (national, lokal und syndikalistisch), ein minimales Militär und hohe Steuern zur Finanzierung von Sozialhilfe und Infrastruktur erlangt, was allgemein zu einer wohlhabenden Mittelschicht mit nur wenigen Extremen von Armut und Reichtum führte. Es war das genaue Gegenteil der Vereinigten Staaten mit ihrem obszönen Militärbudget – rund zwei Drittel von jedem Steuer-Dollar – und ihrer bewussten, aus dem wahnhaften Kult des Individuums hervorgegangenen Vernachlässigung des Sozialwohls. (In einer neueren Umfrage sagten 20 Prozent der Bevölkerung aus, sie zählten zu dem einen Prozent der Reichsten, und weitere 20 Prozent glauben, dass sie eines Tages dazuzählen werden.) Das Ergebnis ist, wie jeder weiß, dass die USA genügend Atomwaffen haben, um die gesamte Erde siebenmal zu vernichten, genügend konventionelle Waffen, um permanent Krieg zu führen, sowie unter allen Technologienationen die schlechteste Bildung und Krankenversicherung, den schlechtesten öffentlichen Nahverkehr und Alphabetisierungsgrad, die höchste Kindersterblichkeit und die meisten Obdachlosen.

Von außen betrachtet, scheint es, als bräche das europäische Utopia just kurz vor seinem größten Triumph auseinander. Einerseits ist die Europäische Union, die das Potenzial hat, vielen Teilen der Welt als Modell zu dienen – trotz aller Schwächen in der Maschinerie –, ein sehr bewegender Zusammenschluss von Nationen am jahrhundertelang vielleicht barbarischsten und blutrünstigsten Ort der Erde.

Andererseits wird das beinahe perfekte Sozialsystem in vielen Ländern allmählich abgebaut, hauptsächlich aufgrund von Vorbehalten gegen eingewanderte oder nicht-weiße Teile ihrer Bevölkerung. Sie spielen den Reaganismus nach, der die USA im Glauben, es sei besser, Dienstleistungen zu zerschlagen, als sie vermeintlich Unwürdigen anzubieten, erfolgreich in das reichste Dritte-Welt-Land verwandelt hat. Ich will hier nicht über Einwanderung diskutieren, möchte nebenbei aber zwei Dinge erwähnen. Die Europäische Union wurde erst möglich, als die Bevölkerung der einzelnen Staaten weniger homogen wurde; Euro-Bewusstsein fängt an, wenn man die Franzosen, die Deutschen oder Italiener nicht mehr definieren kann. Zweitens ist die Immigration, als Literat gesprochen, bei der Wiederbelebung der Literaturen der westeuropäischen Sprachen eine gewaltige Kraft: Neue Menschen bringen neue Geschichten mit, neue Sichtweisen und neue Ausdrucksformen. Und dies lässt sich auf alle Künste übertragen: Kulturell gesehen war die Einwanderung die Rettung Europas.

Es ist gut möglich, dass die USA, wie so manche geschrieben haben, im Augenblick ihrer grandiosesten imperialen Träume in Wirklichkeit am Anfang vom Ende ihres Reiches stehen. Als Amerikaner hoffe ich, dass die nächste Generation in einer Welt leben wird, in der die USA einfach ein Land wie jedes andere sind. Doch als Utopist denke ich, dass dies nicht durch kriegerischen Anti-Amerikanismus im Rest der Welt erreicht werden kann, sondern durch den positiven Einfluss einer neuen Form von Nicht-Amerikanismus.

Wie würde die Welt aussehen, wenn Europa das amerikanische Spiel einfach nicht mehr mitspielen würde? Wenn Europa, als das Nicht-Amerika, keine Waffen mehr in die Dritte Welt liefern würde, sondern nur noch humanitäre Hilfe? Wenn sich Osteuropa weigerte, den amerikanischen Militärschrott zu kaufen, den die NATO vorschreibt? (Oder noch besser: wenn Europa die USA gleich ganz aus der NATO werfen und diese in eine paneuropäische Friedenstruppe verwandeln würde?) Wenn Europa, als Nicht-Amerika, weltweit aktiv für Umweltschutz und reproduktive Rechte eintreten würde? Wenn der europäische Erfindergeist auf die Entwicklung alternativer Energien gelenkt würde, um uns alle von diesem kurzen und todgeweihten und blutigen Ölzeitalter zu befreien? Wenn Europa in kriegführenden Teilen der Welt von seinem diplomatischen Geschick Gebrauch machte und Friedensgespräche nicht von amerikanischen Launen und Lobbyisten abhingen?

Ich habe den Eindruck, dass das optimistische Europa-Bewusstsein, besonders bei den Jugendlichen, das mit der Gründung der EU aufkam, vom Anti-Amerikanismus neu belebt wurde, dem Gefühl, wie anders die Welt ist, in der Europäer leben. Es wäre eine enorme verpasste Gelegenheit, sollte diese Empfindung über Anti-Amerikanismus nie hinausgehen, besonders jetzt, da es mindestens eine weitere Generation lang so viele Staaten geben wird, die den USA misstrauen und sie offen verabscheuen.

George W. Bush hat gesagt – er hat es wirklich gesagt –: »Wir werden Tod und Gewalt in alle vier Ecken der Erde bringen, um unsere großartige Nation zu verteidigen.« Man muss davon ausgehen, dass die USA in absehbarer Zukunft der Grund für Kriege, innere Unruhen, ökonomische Ausbeutung und Umweltkatastrophen sein werden. Dies ist der Moment, da Europa eine Gegenmacht sein könnte, die ihre Ideen und ihr Handeln in Form von sozialer Gerechtigkeit und Wohlfahrt, Abrüstung, Meinungsfreiheit und Kultur als Quelle des Nationalstolzes exportiert. Gandhi sagte bekanntermaßen, die westliche Zivilisation wäre eine gute Idee. Es ist ein langer Weg, doch mir scheint, der einzige Ort mit Wohlstand und Technologie, wo dieser Weg momentan anfangen könnte, ist ein vereintes, multiethnisches Europa.

14. Mai 2003

Die Republikaner:
ein Prosagedicht

Thomas Donahue, der Direktor der US-amerikanischen Handelskammer, ist Republikaner. Er sagte, die neuen Arbeitslosen sollten »aufhören zu jammern«.

Alphonso Jackson, Minister für Wohnungsbau und Stadtplanung, ist Republikaner. Er erklärte die enormen Kürzungen beim sozialen Wohnungsbau mit den Worten: »Armsein ist kein Zustand, sondern eine Geisteshaltung.«

Rick Santorum, Senator aus Pennsylvania, ist Republikaner. Er verteidigt die Kürzungen bei Kinderbetreuung und Sozialhilfe mit der Ansicht: »Wenn man es den Leuten ein wenig schwer macht, ist das nicht unbedingt das Schlechteste.«

Dr. Tom Coburn, ehemaliger Kongressabgeordneter aus Oklahoma, der sich gerade um einen Sitz im Senat bewirbt, ist Republikaner. Er sagte, an High Schools in Oklahoma greife der Lesbianismus so sehr um sich, dass Mädchen nur noch einzeln auf die Toilette dürften. Allerdings fand sich keine High School, wo das tatsächlich der Fall war. Dr. Coburn befürwortet die Todesstrafe für Ärzte, die Abtreibungen vornehmen.

Die Republikaner mögen keine Hunde. Generalmajor Geoffrey Miller, der ehemalige Lagerkommandant in Guantanamo Bay, jetzt Leiter der Gefängnisse im Irak, sagte: »In Guantanamo Bay haben wir gelernt, dass die Häftlinge alles, was sie besitzen, selbst verdienen müssen. Sie sind wie Hunde, und wenn man sie irgendwann einmal glauben lässt, sie seien mehr als Hunde, dann hat man sie nicht mehr im Griff.«

Die Republikaner mögen Hunde. Trent Lott, Senator aus Mississippi, wurde zum Einsatz von Kampfhunden bei der Folter irakischer Gefangener befragt. Er erwiderte: »Es ist nichts dabei, einen Hund auf jemanden loszulassen, außer er frisst ihn auf.«

Die Republikaner haben einen Sinn für Geschichte. Im National Museum of Naval Aviation steht jetzt der Kampfjet der Navy, eine S-3B Viking, mit dem der Präsident auf der *USS Abraham Lincoln* landete, um seine »Mission Accomplished«-Rede zu halten. Unmittelbar unter dem Cockpit-Fenster ist »George W. Bush Commander-in-Chief« aufgedruckt.

Die Republikaner bekämpfen den Terrorismus. Rod Paige, Bildungsminister, bezeichnete die *National Education Association*, den Bundesverband der Lehrer mit 2,7 Millionen Mitgliedern, als »Terrororganisation«. Karen Hughes, Präsidentenberaterin, sagte, besonders nach dem 11. September unterstützten die Amerikaner Bushs Bemühungen, Abtreibungen zu verbieten, denn es ist »der fundamentale Streitpunkt zwischen uns und dem Terrornetzwerk, das wir bekämpfen, dass wir jedes Leben achten«.

Patricia »Lynn« Scarlett, stellvertretende Innenministerin, ist Republikanerin. Sie war zuvor Präsidentin der Reason Foundation, einer libertären Gruppierung, und ist gegen Recycling, Nährwertangaben auf Lebensmitteln, Gesetze zum Informationsrecht von Verbrauchern und Beschränkungen beim Einsatz von Pestiziden.

D. Nick Rerras, Senator im Bundesstaat Virginia, ist Republikaner. Er glaubt, dass Geisteskrankheiten von Dämonen erzeugt werden und – ein gewisser Widerspruch – dass »Gott Familien bestrafen kann, indem er ihre Kinder geisteskrank macht«. Auch behauptet er, dass »Donner und Blitz bedeuten, dass Gott wütend auf einen ist«.

John Yoo, Staatssekretär im Justizministerium, ist Republikaner. Im Januar 2002 schickte er William Haynes II., dem obersten Rechtsberater des Pentagon, ein 42-seitiges Memo, in dem er ausführte, dass die Genfer Konvention, der *War Crimes Act* sowie »gängiges internationales Recht« auf den Krieg in Afghanistan nicht anwendbar seien. Unterstützt wurde er dabei von Alberto Gonzales, dem Rechtsberater des Weißen Hauses, der schrieb: »Meiner Ansicht nach macht dieses neue Paradigma die strengen Genfer Begrenzungen bei der Befragung feindlicher Gefangener obsolet und lässt einige dieser Vorschriften sonderbar erscheinen.« Wenige Tage danach setzte der Präsident sämtliche Rechte der Häftlinge in Guantanamo Bay aus.

William Haynes II., der Empfänger von Yoos Memo, ist Republikaner. Als oberster Rechtsberater des Pentagon meinte er, das Verteidigungsministerium solle vom Gesetz zum Schutz von Zugvögeln ausgenommen werden und die Erlaubnis erhalten, auf einer Nistinsel im Pazifik Bombentests durchzuführen. Solche Tests, sagte er, würden Vogelbeobachter erfreuen, weil es die Vögel seltener mache, und »Vogelbeobachter empfinden größere Freude, einen seltenen Vogel zu beobachten als einen weit verbreiteten«. Haynes wurde vom Präsidenten für eine lebenslange Bestellung als Richter am US-Berufungsgericht nominiert.

Die Republikaner mögen Kinder. John Cornyn, Senator aus Texas, sagte in einer Rede zur Unterstützung des Verfassungszusatzes, der die Homoehe verbietet: »Es berührt Ihren Alltag nicht sonderlich, wenn Ihr Nachbar eine Dosenschildkröte heiratet. Das heißt aber nicht, dass es richtig ist. Nun müssen Sie Ihre Kinder in einer Welt großziehen, in der die Verbindung von Mensch und Dosenschildkröte dieselbe rechtliche Grundlage genießt wie die von Mann und Frau.«

Die Republikaner sind optimistisch. General Peter Schoomaker, Generalstabschef der US-Armee, sagte, dass es in der Folge des 11. September »einen kräftigen Silberstreif an diesem Horizont« gebe. Er erklärt: »Krieg ist ein gewaltiger Fokus. ... Jetzt haben wir die Gelegenheit, zu fokussieren, und die Tatsache, dass Terroristen tatsächlich unsere Heimat angegriffen haben, verleiht dem Ganzen einigen Schwung.«

Die Republikaner mögen keine Kinder. Der Präsident hat sich noch nicht dazu bequemt, einen Direktor des Amtes für Kindergesundheit zu benennen.

Craig Manson, stellvertretender Innenminister, ist Republikaner. Mit der Aufsicht über den *Endangered Species Act* betraut, weigert er sich, der Liste weitere neue gefährdete Arten hinzuzufügen. Er sagte: »Wenn wir sagen, dass der Verlust von Arten an und für sich grundsätzlich schlecht ist – ich glaube nicht, dass wir genug darüber wissen, wie die Welt funktioniert, um das zu sagen.«

Elaine Chao, Arbeitsministerin, ist Republikanerin. Ihre Behörde gibt eine Broschüre mit Tipps für Arbeitgeber heraus, wie sie die Bezahlung von Überstunden vermeiden können.

Jack Kahl und sein Sohn John Kahl sind Republikaner und Großspender der Republikanischen Partei. Sie sind der frühere beziehungsweise jetzige Vorsitzende und CEO von Manco Inc., einer Firma in Avon, Ohio. (Motto: »Sind Sie nicht stolz darauf, verschicken Sie's nicht.«) Manco stellt 63 Prozent aller Klebebänder her, die in den USA benutzt werden. Als Heimatschutzminister Tom Ridge die Amerikaner wiederholt aufforderte, Plastikplanen und Klebebänder zu kaufen, um ihr Haus vor biologischen oder chemischen Angriffen zu schützen, stieg der Umsatz bei Manco über Nacht um 40 Prozent.

Die Republikaner haben einen Sinn für Geschichte. Sonny Perdue, der Gouverneur von Georgia, feierte seinen Wahlsieg und das Ende der demokratischen Herrschaft, indem er die Worte Martin Luther Kings intonierte: »Endlich frei, endlich frei, dem Allmächtigen sei Dank, wir sind endlich frei!« Er hielt seine Rede vor einer großen Konföderiertenfahne.

Sue Myrick, Kongressabgeordnete aus North Carolina, ist Republikanerin. Als Hauptrednerin bei einer Konferenz der *Heritage Foundation*, einer einflussreichen konservativen Denkfabrik, über »Die Rolle von Staat und Lokalverwaltungen beim Schutz unserer Heimat« sagte sie: »Ganz ehrlich, [mein Mann] Ed und ich sagen schon seit Jahren, seit zwanzig Jahren: ›Also, seht doch mal, wer die ganzen Minimärkte überall im Land betreibt.‹ In jeder Kleinstadt, in die man kommt, ja?«

Die Republikaner bekämpfen den Terrorismus. In dem Städtchen Prosser, Washington, zeichnete ein Fünfzehnjähriger im Kunstunterricht Antikriegsbilder in einem Skizzenbuch; eines zeigte den Präsidenten als Raketen abfeuernden Teufel. Der Kunstlehrer gab das Skizzenbuch dem Schulleiter, der den örtlichen Polizeichef anrief, der wiederum den Geheimdienst alarmierte, der dann zwei Agenten nach Prosser schickte, um den Jungen zu verhören.

John Hostettler, Kongressabgeordneter aus Indiana, ist Republikaner. Er wurde am Flughafen von Louisville, Kentucky, kurz festgehalten, nachdem in seiner Aktentasche eine geladene Automatikpistole, eine Glock 9 mm, gefunden wurde. Als im Jahr 2000 im Kongress der *Violence Against Women Act* mit 415 zu 3 Stimmen verabschiedet wurde, war Hostettler einer der drei.

Jeffrey Holmstead, stellvertretender Abteilungsleiter für Luft und Strahlung in der Umweltschutzbehörde EPA, ist Republikaner. Als ehemaliger Anwalt bei Montrose Chemical, American Electric Power sowie diversen Herstellern von Pestiziden diente er unter Bush sen. im [Dan] *Quayle Council on Competitiveness*, der sich der Schwächung bestehender Umwelt-, Gesundheits- und Sicherheitsvorschriften verschrieb. Holmstead ist Mitglied von *Citizens for the Environment*, einer Organisation, die »Marktlösungen« für Umweltprobleme fördert, sauren Regen für einen Mythos hält und die völlige Deregulierung von Unternehmen unterstützt.

Ed Gillespie ist Vorsitzender des *Republican National Committee*. Er wirft Schwulen »Intoleranz und Bigotterie« vor, weil sie versuchten, »die übrige Bevölkerung zur Annahme fremder Moralvorstellungen zu zwingen«.

Al Frink ist Republikaner. Er wurde auf die neu geschaffene Stelle des stellvertretenden Handelsministers für Produktion und Dienstleistung berufen, um etwas gegen die massive Abwanderung von Fabrikjobs ins Ausland zu unternehmen. Er ist Miteigentümer von Fabrica, einer Firma, die teure Teppiche für das Weiße Haus und die saudische Königsfamilie herstellt. (Motto: »Der Rolls Royce unter den Teppichen.«) Fabrica hat zwar keine Fabriken im Ausland, aber viele Arbeiter durch Roboter ersetzt, weil man, wie Frinks Partner erklärte, für Roboter keine Krankenversicherung bezahlen muss.

Manche der amerikanischen Soldaten im Irak sind Republikaner. Sie folgen der Anweisung, eine Seite aus der Broschüre »Die Pflicht des Christen« (mit Billigung des Militärs verteilt von *In Touch Ministries*, einer evangelikalen Sekte) herauszureißen und sie dem Weißen Haus mit dem Versprechen zu schicken, dass sie täglich für die Regierung beten. Bei »Montag« steht: »Ich bete, dass der Präsident und seine Berater stark und mutig sind, um Kritikern zum Trotz das Richtige zu tun.«

In Indianapolis, Indiana, gibt es Männer, die Republikaner sind, aber nicht wie normale Leute aussehen. Bei einer Werbeveranstaltung für die republikanische Wirtschaftspolitik und ihre Wirkung auf normale Leute wurden diejenigen, die hinter dem Präsidenten standen, gebeten, für die Kameras Krawatte und Jackett auszuziehen.

Republikaner bekämpfen den Terrorismus. Tim Pawlenty, Gouverneur von Minnesota, will, dass Leute, die bei Antikriegsdemonstrationen verhaftet wurden – nicht aber bei anderen Demonstrationen –, ein zusätzliches Bußgeld bezahlen, das für »Auslagen für die Heimatsicherheit« verwendet wird.

Republikaner mögen keine Kinder. Ein kleines Mädchen fragte Richard Riordan, den kalifornischen Bildungsminister, ob er wisse, dass ihr Name Isis »›ägyptische Göttin‹ bedeutet«. »Der bedeutet ›dumm‹, du schmutziges Mädchen«, erwiderte Riordan.

Die Republikaner mögen Eis, aber nicht das von Ben & Jerry's, bekannt für deren Unterstützung progressiver Anliegen. Also haben sie ihre eigene Marke kreiert, Star Spangled Ice Cream, bei dem 19 Prozent des Gewinns an konservative Einrichtungen gehen sollen. Die Geschmacksrichtungen heißen etwa »I Hate the French Vanilla«, »Gun Nut«, »Smaller GovernMINT«, »Iraqi Road« und »Choc & Awe«.

Jeb Bush, der Gouverneur von Florida, ist Republikaner. Er hat das landesweit erste christliche Gefängnis eingeweiht, in dem die Häftlinge ihre Tage mit Gebet und Bibelstudium verbringen.

Die Republikaner mögen Hummer. Wer einen Hummer H1 für 50.950 Dollar erwirbt, erhält einen Steuerabzug von 50.950 Dollar; wer einen H2 für 111.845 Dollar erwirbt, erhält einen Steuerabzug von 107.107 Dollar. »Nach meiner bescheidenen Meinung«, sagte Rick Schmidt, Gründer der *International Hummer Owners Group*, »ist der H2 eine amerikanische Ikone. (...) Er ist ein Symbol dessen, was uns teurer ist als alles andere, nämlich dass wir die Freiheit der Wahl haben, die Freiheit des Glücks, die Freiheit von Abenteuer und Entdeckertum und absolute Meinungsfreiheit. Wer einen Hummer in Worten oder Taten beschmutzt, beschmutzt die amerikanische Fahne und das, wofür sie steht.«

Die Republikaner mögen Geheimnisse. Auf die Frage des Reporters einer Zeitung in Apopka, Florida, wollte das Weiße Haus weder bestätigen noch dementieren, dass es Kinder des *Little-League*-Teams von Apopka eingeladen hatte, ein T-Ball-Spiel auf dem Rasen des Weißen Hauses anzusehen.

Die Republikaner haben einen Sinn für Geschichte. Die Bezirksvertreter von Taney County, Missouri, weigerten sich, eine »Erinnerungstafel« zu Ehren eines am 11. September im World Trade Center gestorbenen Bewohners von Taney County anzubringen, weil er Demokrat war.

Jerry Regier, Leiter der Kinder- und Familienbehörde in Florida, ist Republikaner. Er glaubt, dass Kinder »männlicher« Disziplin unterzogen werden sollten und dass eine »biblische Tracht Prügel«, die »vorübergehende und oberflächliche blaue Flecken oder Schwielen hinterlässt, keine Kindesmisshandlung darstellt«, dass Frauen eine Arbeit außer Haus als »Zwang« ansehen sollten, dass Christen keine Nicht-Christen heiraten sollten und dass »die radikale feministische Bewegung die Moral vieler Frauen untergräbt und Männer dazu gebracht hat, ihre biblische Autorität im Hause aufzugeben«.

Pete Coors, Senatskandidat aus Colorado, ist Republikaner. Der Erbe des Vermögens von Coors Beer hat erklärt, falls er gewählt würde, werde sein Hauptanliegen sein, das Mindestalter für Alkoholkonsum zu senken.

Die Republikaner haben einen Sinn für Geschichte. Bill Black, der stellvertretende Vorsitzende der Republikanischen Partei Kaliforniens, hat seiner Wählerschaft einen Artikel vom *Center for Cultural Conservatism* geschickt, in dem Folgendes steht: »Angesichts dessen, wie schlimm es in den alten USA geworden ist, fällt es nicht schwer zu glauben, dass die Geschichte besser hätte laufen können. (...) Der wahre Schaden an den Rassenbeziehungen im Süden kam nicht von der Sklaverei, sondern von der *Reconstruction* [der Wiedereingliederung der Südstaaten in die Union nach dem Bürgerkrieg, Anm. d. Ü], die es nicht gegeben hätte, wenn der Süden gewonnen hätte.«

Kathy Cox, Schulinspektorin in Georgia, ist Republikanerin. Sie will sämtliche Schulbücher dahingehend geändert haben, dass das Wort »Evolution« durch »biologische Veränderungen im Lauf der Zeit« ersetzt wird.

Jim Bunning, Senator aus Kentucky, ist Republikaner. Er sorgt bei republikanischen Festessen für Gelächter mit dem Scherz, dass sein Gegner bei der anstehenden Wahl, Dan Mongiardo, ein Sohn italienischer Einwanderer, aussehe wie einer der Söhne Saddam Husseins.

Die Republikaner haben einen Sinn für Geschichte. Die einzigen Illustrationen im Bundesetat, alljährlich von der Regierungsdruckerei veröffentlicht, sind normalerweise Tabellen und Schaubilder. Dieses Jahr enthält er 27 Farbfotos des Präsidenten. Man sieht ihn vor dem Washington Monument und vor einer riesigen amerikanischen Fahne, wie er einem kleinen Kind vorliest, wie er sich einen Weg durch die Wildnis bahnt, wie er eine ältere Frau im Rollstuhl tröstet und den Truppen im Irak zu Thanksgiving eine Truthahn-Attrappe serviert.

Die Republikaner mögen keine Almanache. Am Heiligen Abend versandte das FBI an 18.000 Polizeidienststellen die Aufforderung, bei Verkehrskontrollen, Fahndungen und anderen Ermittlungen besonders auf Personen zu achten, die einen Almanach mitführen. In der Mitteilung wurde dargelegt, dass »die Praxis, potenzielle Ziele zu recherchieren, bekannten Methoden von al-Qaida und anderen Terrororganisationen ähnelt, die versuchen, die Wahrscheinlichkeit eines operativen Erfolgs durch sorgfältige Planung zu maximieren«.

Kevin Seabrooke, leitender Redakteur des *World Almanac*, ist vielleicht Republikaner, vielleicht auch nicht. »Ich glaube nicht, dass jemand uns für gefährlich halten würde«, sagte er.

Die Republikaner mögen die *Rush Limbaugh Show* und lassen sie gern für die Truppen in Übersee übertragen, fünf Tage die Woche, und das auf dem offiziellen Sender American Forces Radio and Television Service. Auf die Anregung hin, das Programm könne vielleicht doch politisch etwas »ausgewogener« sein, sagte Sam Johnson, ein Kongressabgeordneter aus Texas, das »klingt für mich ein bisschen nach Kommunismus«.

Stephen Downs, 61, ist wahrscheinlich kein Republikaner. Er war in der Crossgates Mall in Guilderland, New York, einkaufen, als Security-Leute ihn umringten und aufforderten zu gehen. Downs trug ein T-Shirt mit der Aufschrift »Give Peace a Chance«. Er weigerte sich und wurde wegen Hausfriedensbruchs verhaftet.

Mein Freund, ein Weißer mittleren Alters und Fotograf, ist kein Republikaner. Er war im Auftrag von *National Geographic* in Florida, wo er auf einem Parkplatz Aufnahmen von einigen bunt bemalten Lieferwagen machte. Eine Stunde später wurde er verhaftet. Ein aufmerksamer Mitbürger, der eine mögliche terroristische Erkundungstour argwöhnte, hatte die Polizei gerufen.

Herbert O. Chadbourne war vermutlich einmal Republikaner. Der Student an der evangelikalen Regent University hatte ein nervöses Zucken entwickelt – weil er, wie er sagte, als Soldat

im Ersten Golfkrieg biologischen oder chemischen Kampf-
stoffen ausgesetzt war. Die Universität wiederum sagte, das
Zucken sei ein Zeichen, dass er von einem Dämon besessen
sei, den Gott ihm wegen seiner Sünden geschickt habe, und
exmatrikulierte ihn.

Jeffrey Kofman, Reporter beim Fernsehsender ABC, wird wohl
kein Republikaner sein. Als er einen Beitrag sendete, dem
zufolge die Moral bei den amerikanischen Truppen im Irak
schwächer werde, verbreitete das Weiße Haus die Geschichte, dass Kofman nicht nur schwul sei, sondern auch Kanadier.

Die Republikaner mögen Technologie. Obwohl die meisten
Hilfsprogramme für Wohnungen und Weiterbildung unterer
Einkommensschichten stark zusammengestrichen oder ganz
abgeschafft wurden, hat das Arbeitsministerium eine Web-
seite für Obdachlose eingerichtet.

Die Republikaner mögen Methylbromid, ein Pestizid, das
die Ozonschicht zerstört und bei Landarbeitern zu Prostata-
krebs führt. 1987 unterzeichneten die Regierung Reagan und
160 Nationen einen Vertrag, nach dem Methylbromid bis
2005 verboten werden sollte. Unter der gegenwärtigen Regierung, die einen Verzicht auf Einhaltung des Vertrags anstrebt,
hat der Einsatz des Pestizids Jahr für Jahr zugenommen. Clau-
dia A. McMurray, stellvertretende Umweltministerin, erklärte: »Unsere Bauern brauchen das.«

Die Republikaner mögen Leute, die bei Hunderennen wetten,
Besitzer von NASCAR-Rennstrecken, Pfeil-und-Bogen-Her-

steller und Oldsmobile-Händler. Sie gehören zu denen, die einen Steuernachlass von 170 Milliarden Dollar erhielten, der in einem obskuren Gesetz untergebracht wurde, mit dem ein kleinerer Handelsstreit mit Europa beilegt werden sollte.

Die Republikaner mögen keine Technologie. Am 11. September 2001 liefen die Computer beim FBI noch auf MS-DOS, was nur eine Ein-Wort-Suche in ihren Dateien zuließ, und FBI-Agenten hatten auch kein E-Mail-Programm. Sie hoffen, dass bis 2006 ein neues System eingerichtet ist.

Generalleutnant William Boykin, stellvertretender Unterstaatssekretär für Nachrichtendienste im Verteidigungsministerium, vormals zuständig für die Jagd auf Osama bin Laden und momentan mit der Gefängnisreform im Irak befasst, ist Republikaner. Er tritt regelmäßig bei Erweckungsveranstaltungen auf, die von *Faith Force Multiplier* gesponsert werden, einer Gruppierung, die für eine Missionierung nach militärischen Prinzipien eintritt. Ihr Manifest *Warrior Message* ruft »Krieger in diesem spirituellen Krieg um die Seelen dieser Nation und der Welt« zusammen. Boykin predigt, dass »Satan diese Nation vernichten will, er will uns als Nation vernichten, und er will uns als christliche Armee vernichten«, und dass die Muslime »nur besiegt werden können, wenn wir im Namen Jesu gegen sie antreten«. Er räumt ein, dass »George Bush nicht von der Mehrheit der Wähler in den USA« gewählt wurde, fügt aber hinzu: »Er wurde von Gott eingesetzt.«

Kelli Arena, Justizkorrespondentin bei CNN, ist vermutlich Republikanerin. Sie berichtete, dass »Spekulationen kursieren, wonach al-Qaida glaubt, ihre Siegeschancen im Irak stünden besser, wenn John Kerry im Weißen Haus wäre«.

William »Bucky« Bush, ein Onkel des Präsidenten, ist Republikaner. Er ist Direktor bei Engineered Support Systems Inc., das Militärgüter wie mobile Schutzräume gegen Angriffe mit Massenvernichtungswaffen oder feldtaugliche Klimaanlagen herstellt. Seit 2001 hat das Unternehmen dem Pentagon Geräte im Wert von 300 bis 400 Millionen Dollar verkauft, und das Heimatschutzministerium hat eine Reihe mobiler Notkommunikationszentren für den Fall eines biochemischen Angriffs im Land bestellt. Bush ist auch Direktor von Lord Abbett & Co., das 8 Millionen Anteile an Haliburton hält. Jeb Bush setzte in den Staatsetat von Florida einen Posten für die Privatisierung der Fahrstuhlinspektionen ein. »Bucky« ist Mitinhaber einer Firma namens National Elevator Inspection Services.

Die Republikaner mögen Wahlcomputer. In den achtziger Jahren gründeten Bob und Todd Urosevich mit Geld der Familie Ahmanson aus Kalifornien eine Firma für Wahlcomputer, die später in American Information Systems (AIS) umbenannt wurde. Die Ahmansons sind christliche Rekonstruktionisten, die eine Theokratie auf der Grundlage biblischer Gesetze und unter christlicher »Herrschaft« anstreben. Sie befürworten die Todesstrafe für Homosexuelle, Ehebrecher und Alkoholiker. Sie sind Mitglied des verschwiegenen *Council for National Policy*, der Reste der John Birch Society mit apokalyptischen Christen vereint und von vielen als Triebkraft der »stramm rechten« Ideologie angesehen wird. Die Ahmansons verkauften die Firma an die McCarthy Group, deren Vorsitzender und Mitinhaber Chuck Hagel war. Die McCarthy Group kaufte eine weitere Wahlcomputer-Firma, Cronus Industries, von der Ölfamilie Hunt in Texas, auch sie christliche Rekonstruktionisten, von denen ursprünglich das Geld für den *Council for National Policy* kam. Die beiden Wahlcomputer-Firmen wurden zur Election Systems and Software (ES&S) vereinigt, Hagel wurde CEO.

Republikaner mögen Wahlcomputer. ES&S zählt 80 Prozent der Stimmen des Staates Nebraska aus. 1992 schied Hagel bei ES&S aus, um als Senator für Nebraska zu kandidieren. Sein Sieg wurde von Zeitungen in Nebraska als »verblüffender Überraschungserfolg« bezeichnet: Afroamerikanische Bezirke, die noch nie republikanisch gewählt hatten, stimmten für Hagel. 1996 stellte sich Hagel erneut zur Wahl und erhielt 83 Prozent der Stimmen – 3 Prozent mehr als von ES&S ausgezählt, zugleich der höchste Wahlsieg in der Geschichte Nebraskas. Sein demokratischer Rivale verlangte eine neuerliche Zählung, doch die republikanisch dominierte Legislative des Bundesstaates hatte ein Gesetz erlassen, wonach nur ES&S die Stimmen neu auszählen darf. Hagel siegte in der Neuauszählung. Auf Hagel, nun nicht mehr Vorstandschef der McCarthy Group, folgte Thomas McCarthy, der Schatzmeister seines Wahlkampfteams.

Die Republikaner mögen Wahlcomputer. Als sich Jeb Bush zum ersten Mal als Gouverneur von Florida bewarb, wählte er als seine Stellvertreterin Sandra Mortham, eine Lobbyistin für ES&S, die für jeden Bezirk, der ES&S-Computer kaufte, eine Provision erhielt.

Die Republikaner haben einen Sinn für Geschichte. John Le-Boutillier, ehemaliger Kongressabgeordneter und Autor von *Harvard Hates America*, möchte die *Counter Clinton Library* aufbauen, wenige Gehminuten entfernt von der offiziellen *Clinton Presidential Library* in Little Rock, Arkansas. Diese Bibliothek werde sich den »Verzerrungen, Verleumdungen, Verdrehungen und unverhohlenen Lügen« der Regierung Clinton widmen.

Der Senat des Staates Texas wird von den Republikanern beherrscht. Er hat ein »Abtreibungsberatungsgesetz« verabschiedet, wonach Ärzte Frauen warnen sollen, dass eine Abtreibung zu Brustkrebs führen könne, wofür es keine medizinischen Belege gibt.

Die Wirtschaftsberater des Präsidenten sind Republikaner. Um steigende Arbeitsplatzzahlen in der Produktion vorzuweisen, erwägen sie, die Beschäftigten im Fastfood-Gewerbe als »Produzenten« einzustufen, da sie ja Hamburger »produzierten«.

Die Republikaner mögen Formaldehyd. Um eine Änderung der Emissionsvorschriften in Furnierbetrieben voranzutreiben, strich das Amt für Verwaltung und Haushaltswesen im Weißen Haus Verweise auf Studien des National Cancer Institute und ersetzte sie durch Studien des Chemical Industry Institute of Toxicology. Das NCI schätzte das Leukämierisiko durch Formaldehydbelastung um das 10.000-fache höher ein als das CIIT.

Die Republikaner bekämpfen den Terrorismus. Als der Gouverneur von Vermont ankündigte, er werde die Bundesregierung darauf verklagen, älteren Bürgern zu gestatten, günstigere rezeptpflichtige Medikamente aus Kanada einzuführen, behauptete Lester Crawford, Leiter der Behörde für Lebens- und Arzneimittel, al-Qaida plane insgeheim, importierte rezeptpflichtige Medikamente zu vergiften. »Wir haben im Moment keine spezifischen Informationen« über derlei Pläne, räumte das Heimatschutzministerium ein.

George Nethercutt, Kandidat für einen Sitz im Senat aus dem Staat Washington, ist Republikaner. Er attackierte die Medien, weil sie über die Verluste der US-Armee berichteten und die guten Nachrichten aus dem Irak ignorierten; er meinte, die Anstrengungen beim Wiederaufbau seien »eine bessere und wichtigere Geschichte als der Verlust von ein paar Soldaten täglich«.

Der Gefreite Sean Baker von der Nationalgarde Kentuckys war wahrscheinlich einmal Republikaner, ist aber jetzt womöglich keiner mehr. Dem Militärgefängnis Guantanamo Bay zugeteilt, meldete er sich freiwillig, bei einer Übung die Rolle des Gefangenen zu übernehmen. Eine fünf Mann starke »schnelle Eingreiftruppe« würgte und schlug ihn auf dem Stahlboden der 1,80 mal 2,50 Meter großen Zelle, obwohl er das Codewort schrie und seinen Angreifern sagte, er sei amerikanischer Soldat. Als sein orangefarbener Häftlingsdress riss und darunter eine Uniform sichtbar wurde, ließen sie endlich von ihm ab. Baker verbrachte 48 Tage im Krankenhaus und leidet noch immer unter Krampfanfällen. Laurie Arellano,

Republikanerin und Sprecherin des Pentagon, sagte, Bakers Klinikaufenthalt habe »nichts mit den Schlägen in Guantanamo zu tun«. Einige Tage später sagte sie, das stimme nicht. Der Vorfall wurde aufgezeichnet, aber jetzt ist die Kassette verschwunden.

Bill Nevins war Republikaner oder auch nicht, es ist aber zweifelhaft, ob er es noch ist. Als Lehrer an der riesigen Rio Rancho High School – mit über 3.000 Schülern die größte in New Mexico – organisierte er einen Lyrikclub, der auch einen Poetry Slam veranstaltete. Dabei trug eine Schülerin ein Gedicht vor, in dem sie den Präsidenten und den Krieg im Irak kritisierte, in einer Sprache, die weder brutal noch obszön war. Nevin wurde von Schulleiter Gary Tripp wegen Förderung von »respektloser Sprache« umgehend gefeuert. Dann verbot Tripp den Lyrikclub und überhaupt jeden Lyrikunterricht, befahl der Schülerin, ihre Gedichte zu vernichten, und drohte, ihre Mutter zu feuern – sie unterrichtete ebenfalls an der Schule –, sollte sie nicht gehorchen. Bei einer Schulversammlung wenige Tage später trug Tripp ein eigenes Gedicht vor, in dem er Schüler, die anderer Meinung waren, anwies, »das Maul zu halten«.

Die Republikaner mögen Sex. Jack Ryan, Kandidat (jetzt ehemaliger Kandidat) aus Illinois für einen Sitz im Senat, zwang seine Frau (jetzt Ex-Frau), mit ihm sadomasochistische Sexclubs in New York und Paris zu besuchen, und bestand darauf, dass sie dort vor Publikum Sex mit ihm hatte. Er verteidigte sich, indem er von »romantischen Ausflügen« sprach und anmerkte: »Es wurden keine Gesetze gebrochen. Es wurden keine Ehegesetze gebrochen. Nirgendwo wurden die Zehn Gebote verletzt.« Die Republikaner unterstützten ihn, weil, wie der Kolumnist Robert Novak sagte, »Jack Ryan, anders als Bill Clinton, keinen Ehebruch begangen und nicht gelogen hat«. Ryans Ex-Frau ist die Schauspielerin Jeri Ryan, die in der Fernsehserie *Star Trek* einen Borg darstellte. (Motto: »Widerstand ist zwecklos.«)

Die Republikaner bekämpfen den Terrorismus. Drei Wochen vor dem Parteitag der Demokraten berichtete *The New Republic*, das Weiße Haus habe den pakistanischen Geheimdienst unter Druck gesetzt, rechtzeitig zum Parteitag ein »HVT« (*High Value Target*) zu verhaften oder zu töten. Am Tag von John Kerrys Rede wurde die Verhaftung eines gewissen Muhammad Naeem Noor Khan bekannt gegeben. Einige Tage danach wurde in New York, Washington, D. C., und Newark, New Jersey, eine noch höhere Terrorwarnstufe erklärt, nachdem bekannt geworden war, dass Khans Computerdisketten Überwachungsbilder und Blaupausen von fünf Finanzgebäuden enthielten. Tom Ridge, Heimatschutzminister, betonte, dieser Terroralarm sei wirklich ernster und konkreter als alle bisherigen, und er beendete seine Pressekonferenz mit den Worten: »Wir müssen begreifen, dass die Informationen, die uns heute zur Verfügung stehen, der Führung des Präsidenten im Krieg gegen den Terror zu verdanken sind.«

Die Republikaner bekämpfen den Terrorismus. Einen Tag nach Ridges Erklärung wurde enthüllt, dass die al-Qaida-Dokumente in den Jahren 2000 und 2001, also vor dem 11. September, entstanden waren. Am Tag darauf wurde eingeräumt, dass es keine Blaupausen gebe. Einige Tage später bekundeten britische Geheimdienstbeamte ihren Zorn darüber, dass Khan nicht nur verhaftet, sondern auch mit Namen genannt worden sei. Khan war möglicherweise der einzige Doppelagent bei al-Qaida und hatte ihnen Informationen geliefert, die zu Dutzenden Verhaftungen von al-Qaida-Mitgliedern führten.

Joe Lieberman, Senator aus Connecticut und ehemaliger Kandidat für das Amt des Vizepräsidenten, ist angeblich kein Republikaner. Er sagte:»Ich glaube nicht, dass jemand, der auch nur halbwegs fair ist oder klar im Kopf, glauben würde, dass der Präsident oder der Heimatschutzminister aus politischen Gründen die Alarmstufe erhöhen und den Leuten Angst machen würden.«

Die Republikaner mögen Fleisch und auch, dass ihr Fleisch von Leuten aus der Fleischbranche kontrolliert wird. Elizabeth Johnson, Chefberaterin der Abteilung »Nahrungsmittel und Ernährung« im Landwirtschaftsministerium (USDA), war früher stellvertretende Direktorin für Lebensmittelrichtlinien bei der *National Cattlemen's Beef Association,* dem Verband der Rindfleischproduzenten. James Moseley, stellvertretender Landwirtschaftsminister, war früher geschäftsführender Gesellschafter beim Schweinefleischproduzenten Infinity Pork. Stabschef Dale Moore war früher geschäftsführender Direktor für rechtliche Angelegenheiten bei der *National Cattlemen's Beef Association.* Dr. Eric Hentges, Direktor des Zentrums für Ernährungspolitik und -aufklärung CNPP, war früher Vizepräsident des *National Pork Board.* Dr. Charles

»Chuck« Lambert, stellvertretender Staatssekretär für Marketing und Regulierungsprogramme, war früher Chefökonom der *National Cattlemen's Beef Association*. Donna Reifschneider, Administratorin bei der Behörde für Getreideprüfung, Fleischverarbeitung und Viehhöfe, war früher Präsidentin des *National Pork Producers Council*. Mary Kirtley Waters, stellvertretende Staatssekretärin für Kongressbeziehungen, war früher Senior Director bei ConAgra Foods. Scott Charbo, Chief Information Officer, war früher Präsident von mPower3, einer Tochtergesellschaft von ConAgra Foods. Das USDA verbot Creekstone Farms Premium Beef, einer Firma in Kansas, alle ihre Rinder auf BSE zu testen, da dies übermäßig beunruhigen und andere Rindfleischerzeuger unter Druck setzen würde, ihren Bestand ähnlichen Tests zu unterziehen.

Joe Brown, Vorsitzender des Stadtrats von Memphis, Tennessee, ist Republikaner. Als eine Gruppe von sieben irakischen »Bürger- und Gemeindevertretern« Memphis besuchte, verwehrte er ihnen den Zutritt zum Rathaus. »Wir wissen nicht genau, was da los ist. Wer weiß über die Delegation Bescheid, wurde das FBI benachrichtigt? Wir müssen alle Beschäftigten in dem Gebäude sichern und schützen.« Brown sagte dem Gastgeber der Gruppe, er werde »das Gebäude evakuieren und das Bombenräumkommando rufen«, sollte die Gruppe versuchen, es zu betreten.

Die Republikaner mögen Freedom Fries (früher French Fries). Auf Bitten der Tiefkühl-Freedom-Fry (früher French-Fry)-Industrie änderte das USDA die Klassifikation von tiefgekühlten Freedom Fries (früher French Fries) zu »frischem

Gemüse«, damit die Pommes Frites in der Werbung des Ministeriums für gesunde Ernährung aufgeführt werden können.

Die Republikaner mögen keinen Sex. Robert F. McDonnell, der Vorsitzende des *House Courts of Justice Committee* des Staates Virginia, sagte, »das Praktizieren von Anal- oder Oralsex könnte eine Person vom Richteramt ausschließen«. Die Republikaner mögen Sex. Wenige Tage später wurde McDonnells Wahlkampfleiter Robin Vanderwell verhaftet, weil er über das Internet einen kleinen Jungen angesprochen hatte.

Ralph Reed ist Republikaner. Als er noch Direktor der *Christian Coalition* war, zog er gegen Glücksspiel zu Felde und nannte es »ein Krebsgeschwür auf dem amerikanischen Staatskörper«, das »Mundraub an Kindern begeht«. Jetzt ist er Lobbyist eines großen Kasinos.

Anna Perez, ehemals Kommunikationsberaterin von Condoleezza Rice und Pressesprecherin von Barbara Bush, ist Republikanerin. NBC berief sie zur geschäftsführenden Vizepräsidentin für Kommunikation. »Ich liebe die Fernsehbranche«, sagte sie, obwohl »ich keine Erfahrung damit habe«.

Paul O'Neill ist Republikaner. Als er Finanzminister war, meinte er, dass Unternehmen überhaupt keine Steuern zahlen sollten. Momentan zahlen nur 60 Prozent der Unternehmen Bundessteuern.

Michael Skupin, Gründer einer religiösen Softwarefirma und Leiter des *Presidential Prayer Team*, ist Republikaner. Man drängte ihn, als Senator für Michigan zu kandidieren, er lehnte dann aber ab. Skupkin war in der Fernsehsendung *Survivor 2* damit berühmt geworden, dass er mit bloßen Händen ein Wildschwein fing, es schlachtete und sich dann mit dem Blut das Gesicht anmalte. Das *Presidential Prayer Team* ist eine unabhängige Organisation mit Millionen Mitwirkenden, die täglich Anweisungen bekommen wie: »Betet für den Präsidenten, wenn er sich am 6. Mai mit Goh Chok Ton, dem Premierminister von Singapur, trifft. Die beiden Staatsmänner werden die Festigung unserer bilateralen Beziehungen wie auch das Freihandelsabkommen zwischen den USA und Singapur besprechen.«

Mark Rey, ehemaliger Vizepräsident der *American Forest and Paper Association*, ehemaliger Vizepräsident der *National Forest Products Association*, ehemaliger leitender Direktor der *American Forest Resource Alliance*, eines Zusammenschlusses aus 350 Holzunternehmen, ist Republikaner. Als Staatssekretär für Naturressourcen und Umwelt steht er nun der nationalen Forstverwaltung vor und ist verantwortlich für 155 Staatsforste, 19 staatliche Grünlandgebiete und 15 Landnutzungsprojekte auf 780.000 Hektar öffentlicher Fläche in 44 Staaten. Er ist der Verfasser der »*Salvage Rider*«, die sämtliche Umweltverordnungen in den Staatswäldern aufhob und von der *New York Times* »das schlimmste jemals verfasste Naturschutzgesetz« genannt wurde.

Die Republikaner mögen Wahlcomputer. Acht Millionen Menschen – 8 Prozent der Wähler – wählten an Computern der Diebold Inc., deren CEO Wally O'Dell ist. Im Jahr 2000 war O'Dell Vorsitzender des Komitees *Ohio Bush for President.* 2004 hat er gesagt, er sehe sich »verpflichtet, daran mitzuwirken, dass Ohio seine Stimmen dem Präsidenten gibt«. Bob Urosevich, Mitgründer von AIS, ist jetzt Direktor von Diebold Election Systems. (Sein Bruder ist weiterhin bei ES&S.)

Die Republikaner setzen sich für die Bildung ein. Dieses Jahr hat der Präsident neue Bildungsinitiativen vorgeschlagen: 40 Millionen Dollar, damit Experten in Mathe und Naturwissenschaften Lehrer werden können, 52 Dollar Millionen für mehr Begabtenförderung an High Schools, 100 Millionen Dollar für Förderunterricht für leseschwache Schüler an Middle und High Schools und 270 Millionen Dollar für Kurse über sexuelle Enthaltsamkeit.

Die Republikaner unterstützen Gesetze mit munteren Namen: *Healthy Forests, Clean Skies, Climate Leaders, No Child Left Behind, KidCare. Healthy Forests* gibt den Sequoia National Park, andere Parks und staatliche Naturräume für den Holzeinschlag und mehr Zufahrten für Waldarbeiten frei. *Clean Skies* gestattet 68 Prozent mehr Stickstoffoxid, 125 Prozent mehr Schwefeldioxid und 420 Prozent mehr Luftverschmutzung durch Quecksilber als die *Clean Air*-Verordnung, die sie ersetzt. *Climate Leaders* sieht vor, dass Unternehmen ihre Treibhausgasemissionen freiwillig reduzieren; von den vielen tausend potenziellen »Leadern« haben sich nur vierzehn gemeldet. *No Child Left Behind* kürzt die meisten Schulprogramme und setzt auf standardisierte Tests. *KidCare*, eine Initiative von Jeb Bush in Florida, führte dazu, dass 167.000 Kinder nicht mehr krankenversichert sind.

Jerry Thacker, Unternehmensberater und ehemaliges Mitglied des präsidialen Beraterstabs für AIDS und HIV, ist Republikaner. Er hat AIDS »Schwulenpest« genannt, beschreibt Homosexualität als »Todesstil« und erklärt, dass nur »Christus die Homosexuellen retten kann«.

Reverend Scott Breedlove, Pfarrer der Jesus Church in Cedar Rapids, Iowa, ist wahrscheinlich Republikaner. Seine Pläne für eine große Bücherverbrennung im Freien wurden von der Feuerwehr von Cedar Rapids vereitelt. Ein städtischer Brandschutzinspektor schlug vor, die Bücher in den Reißwolf zu geben, doch Breedlove sagte, das finde er nicht sehr biblisch.

Pat Tillman war vermutlich Republikaner. Nach dem 11. September verzichtete er auf einen Vertrag über viele Millionen Dollar als Footballprofi, um sich den Army Rangers in Afghanistan anzuschließen, wo er im Kampf fiel. Als der einzige Soldat, der schon vor dem Einsatz landesweit bekannt war, war er kurz davor, von den Medien kanonisiert zu werden. Dann wurde bekannt, dass er durch Beschuss der eigenen Leute umkam.

Zell Miller, Senator aus Georgia, könnte genauso gut Republikaner sein. Er ist aber Demokrat, macht für den Präsidenten Wahlkampf und spricht bei republikanischen Veranstaltungen. Die Folter in Abu Ghraib erinnerte ihn an die Turnhalle seiner High School: »Die beiden Male, an denen ich mich wohl am meisten gedemütigt gefühlt habe in meinem Leben, stand ich in einem großen Raum, splitterfasernackt mit etwa fünfzig anderen, und die sahen sich uns an, das war vielleicht demütigend. Es war demütigend, mit rund sechzig anderen zu duschen. Aber das hat uns nicht umgebracht, ja? An einer Demütigung ist noch niemand gestorben.«

Die Republikaner bekämpfen den Terrorismus. Polizei und Geheimdienste prüfen nun Einwandererakten und Listen mit Wählerregistrierungen, Führerscheinen, Einschreibungen an Universitäten, Bibliotheksausleihen, Flugbuchungen, Kreditkartenkäufen, Geburtsurkunden und Sozialversicherungsnummern, um so Verbindungen zu Terroristen aufzuspüren. Allerdings hat ihnen Justizminister Ashcroft ausdrücklich untersagt, die Listen zu Hintergrundprüfungen von Waffenkäufern einzusehen.

Die Republikaner bekämpfen den Terrorismus, aber manchmal lässt sich schwer sagen, wer Terrorist ist und wer Republikaner. Justizminister John Ashcroft hat darauf hingewiesen, dass al-Qaida-Leute sehr wahrscheinlich »europäisch« aussähen, Ende zwanzig oder Anfang dreißig seien, mit ihren Familien reisten und Englisch sprächen.

Die Republikaner mögen große Bomben. Nachdem sie schon die *Massive Ordnance Air Blast* (MOAB) entwickelt haben, eine 4,75 Tonnen schwere Bombe, arbeiten sie nun an der MOP, der *Massive Ordnance Penetrator*, die 6,8 Tonnen wiegt.

Rick Perry, Gouverneur von Texas, ist Republikaner. Er findet nicht, dass die Reichen für die Ausbildung der Armen bezahlen sollen, also hat er vorgeschlagen, die Vermögenssteuer zu senken und sie durch höhere Steuern auf Zigaretten und Alkohol zu ersetzen sowie eine Steuer in Höhe von fünf Dollar für jedes Mal, wenn ein Gast eine Oben-ohne-Bar betritt.

John Graham, ehemaliger CEO von Strat@comm, einer PR- und Lobbyfirma für die Automobilindustrie, und Gründer von *Sports Utility Vehicle Owners of America*, ist Republikaner. Als Regulierungsbeauftragter der Bundesbehörde für Straßen- und Fahrzeugsicherheit NHTSA hat er die Vorgaben für Autoreifen drastisch gesenkt.

Richter J. Leon Holmes, vom Präsidenten auf einen Sitz auf Lebenszeit am Bundesbezirksgericht berufen, ist Republikaner. Er unterstützt einen Verfassungszusatz, der Abtreibungen verbietet, hat Abtreibungsbefürworter mit Nazis verglichen und Abtreibung mit Sklaverei und hat geschrieben, dass »Sorge um Vergewaltigungsopfer ein Täuschungsmanöver ist, weil eine Empfängnis durch Vergewaltigung ungefähr so häufig ist wie Schneefall in Miami«. Mit Statistiken konfrontiert, die zeigen, dass jährlich rund 30.000 Amerikanerinnen von Vergewaltigungen oder Inzest schwanger werden, verteidigte Jeff Sessions, republikanischer Senator aus Alabama, Holmes mit den Worten, dieser habe lediglich »ein literarisches Mittel namens ›Übertreibung‹ benutzt, um einen Effekt zu erzielen«.

Josh Llano, Militärpfarrer der Southern Baptist Convention im Irak, ist Republikaner. Im Lager des V. Korps in der Wüste bei Nadschaf, wo Wasser knapp ist und man sich selten wäscht, bekam er ein 2.000-Liter-Becken für Taufen. Soldaten unterziehen sich der dreistündigen Zeremonie, um endlich einmal baden zu können.

Die Republikaner bekämpfen den Terrorismus. Rick Santorum, Senator aus Pennsylvania, befürwortet den Verfassungszusatz, der die Homoehe verbietet, und sagt: »Ich würde meinen, dass die Zukunft unseres Landes in der Schwebe hängt, weil die Zukunft der Ehe in der Schwebe hängt. Ist es nicht der bestmögliche Heimatschutz, aufzustehen und die Ehe zu verteidigen?«

Die Republikaner bekämpfen den Terrorismus. Im Oktober 2001 ging Ansar Mahmood, ein Pizzabote und legaler Einwanderer, in Hudson, New York, ans Ufer des Hudson River, um ein paar Fotos von der schönen Landschaft zu machen und diese an sein Dorf in Pakistan zu schicken. Was er nicht wusste: Er stand neben einer Wasseraufbereitungsanlage, und es herrschte die allgemeine Hysterie, Terroristen könnten das Trinkwasser vergiften. Mahmood sitzt noch immer im Gefängnis.

James Hart, Kandidat für den Kongress aus Tennessee, ist Republikaner. Der eifrige Verfechter der Eugenik glaubt, dass Afrikaner und Afroamerikaner einen durchschnittlichen IQ von 75 haben und dass, wären früher gemischtrassige Ehen erlaubt gewesen, elektrisches Licht, das Auto und das Flugzeug nie erfunden worden wären.

Allan Fitzsimmons, Brennstoffkoordinator im Innenministerium und zuständig für die Umsetzung der *Healthy-Forests-*Initiative, ist Republikaner. Obwohl er keine Erfahrung mit Waldmanagement hat, hat er Artikel geschrieben, in denen er die Existenz von Ökosystemen anzweifelt und sie ein »geistiges Konstrukt« nennt. Er hat religiösen Organisationen, die den Umweltschutz unterstützen, vorgeworfen, sich dem Götzendienst hinzugeben.

Die Republikaner mögen keine Kinder. Die Behörde für Ernährung und Medikamente hat Gesetze abgeschafft, nach denen Medikamente, die sowohl Kindern als auch Erwachsenen verschrieben werden, separat getestet werden mussten.

Die Republikaner helfen gern verarmten Nationen. Die Regierung hat diesen Ländern vorgeschlagen, sie könnten Einkommen generieren, indem sie Jägern erlauben, Elefanten und andere »Trophäen«-Tiere zu töten, und Wildhändlern und der Haustierindustrie, seltene Vögel zu fangen. Auch hat sie vorgeschlagen, die Einfuhr von Elfenbeinstoßzähnen, Fellen und Geweihen zu legalisieren.

Die Republikaner mögen Wahlcomputer. Überraschenderweise hat Max Cleland, ein beliebter demokratischer Senator aus Georgia, seine Wiederwahl verloren. Manche schrieben diese Niederlage den republikanischen Fernsehwerbespots zu, die Cleland neben Osama bin Laden zeigten und den Patriotismus des Senators in Frage stellten, obwohl Cleland im Vietnamkrieg beide Beine und einen Arm verloren hatte. Es war die erste Wahl in Georgia, bei der ausschließlich per Computer gewählt wurde. Die Computer wurden von Diebold hergestellt.

Die Republikaner mögen keine internationalen Verträge.

Randall Tobias, der globale AIDS-Koordinator, ist Republikaner. Nach zwei Jahren wurden ganze 2 Prozent der für den Kampf gegen AIDS bereitgestellten 18 Milliarden Dollar ausgegeben. Ein Drittel davon muss laut Gesetz für »Erziehung zur Enthaltsamkeit« ausgegeben werden. Ein Großteil des Rests wird für Medikamente ausgegeben. Tobias entscheidet, ob die Regierung Generika oder Markenmedikamente kauft, die drei bis fünf Mal so teuer sind. Tobias ist der ehemalige CEO des Pharmaunternehmens Eli Lilly, das den Republikanern seit 2000 mindestens 1,5 Millionen Dollar gespendet hat.

William G. Myers, unlängst auf Lebenszeit zum Richter am Berufungsgericht ernannt, ist Republikaner. Offensichtlich klassisch gebildet, bezeichnete er das kalifornische Wüstenschutzgesetz, das den Joshua Tree National Park, den Death Valley National Park und das Mojave National Preserve schuf, als »ein Beispiel für gesetzgeberische Hybris«.

Die Republikaner mögen Wahlcomputer. Der Staat Maryland sorgt sich wegen eines potenziellen Betrugs an seinen Maschinen, also hat er die Science Applications International Corporation (SAIC) beauftragt, die Wahl zu überwachen. Der ehemalige CEO und jetzige Vorsitzende von deren Vote-Here-Abteilung ist Admiral Bill Owens, ehemaliger Militärberater von Dick Cheney.

Die Republikaner mögen den Brasilzwergkauz nicht, obwohl es nur noch dreißig davon gibt, auch nicht die Orcas im Puget Sound, die Florida-Manatis, die Florida-Panther oder die Karibische Bastardschildkröte.

Cindy Jacobs ist Republikanerin. Sie ist Gründerin der *Generals of Intercession*, einer Organisation, die mit einer »Betstrategie im militärischen Stil« »Nationen für Christus gewinnen« will. Im Jahr 2002 sagte ihr Gott, die USA würden im Irak einmarschieren, worauf sie ein »internationales Treffen von Generälen« in Washington, D.C., arrangierte. »Wir alle spürten im Herzen, dass Gott den Geist des Islam und dessen Gott Allah demütigen will und dass Gott Präsident Bush leitet.« Bei dem Treffen sagte eine der Generalinnen Jacobs zufolge, »sie habe Jeremia 50,2 studiert, wo steht: ›Verkündiget unter den Heiden und lasst erschallen, werfet ein Panier auf; lasst erschallen und verberget's nicht und sprecht: Babel ist gewonnen, Bel steht mit Schanden.‹ Manche Bibelübersetzungen sagen ›ist vernichtet‹ statt ›mit Schanden‹. Als sie das Wort ›vernichtet‹ im Wörterbuch nachschlug, sah sie, dass das hebräische Wort dafür ›Bush‹ ist! Das hat uns doch verblüfft!«

Mickey Mouse ist Republikaner. In Florida sind 7,3 Millionen Disney-Aktien im Besitz des staatlichen Pensionsfonds, der von Jeb Bush kontrolliert wird. Disney hat eine Vereinbarung mit dem Staat, der ihnen die vollständige Kontrolle, »frei von staatlicher Aufsicht«, über gut 16.000 Hektar Land gewährt. In den Tagen nach dem 11. September forderte der Präsident das Land auf: »Besucht Disney World in Florida.

Nehmt eure Familien mit und genießt das Leben.« Disney verwehrte seiner Miramax-Sparte den Verleih von Michael Moores Film *Fahrenheit 9/11*.

Die Republikaner bekämpfen den Terrorismus, doch der eine echte Terrorist, der zufällig auf amerikanischem Boden gefasst wurde, findet in den 2.295 Presseerklärungen von John Ashcroft und der Generalstaatsanwaltschaft keine Erwähnung. William Krar aus Noonday, Texas, schickte ein Paket mit gefälschten UN-Ausweisen, Ausweisen der *Defense Intelligence Agency*, falschen Geburtsurkunden und falschen Bundesgenehmigungen für das Tragen verdeckter Waffen an einen Terroristenfreund. Die Post lieferte die Sendung an eine falsche Adresse, der Empfänger benachrichtigte das FBI. In Krars Haus fand man vollautomatische Maschinengewehre, ferngesteuerte, als Aktentaschen getarnte Sprengsätze, 60 Rohrbomben, 500.000 Schuss Munition und genug reines Natriumcyanid, um, so das FBI, »jeden in einem 3.000 Quadratmeter großen Gebäude zu töten«. Krar ist jedoch kein Muslim, sondern ein rechtsextremer Rassist.

Die Republikaner mögen keine Wahlen. Nach den Präsidentschaftswahlen im Jahr 2000 stellte der Kongress 4 Milliarden Dollar bereit, damit die Staaten ihr Wahlsystem für die Wahl 2004 verbessern konnten. Von diesem Geld wurde nur sehr wenig abgerufen. Auch schuf der Kongress die *Election Assistance Commission*, die diese Verbesserungen beaufsichtigen sollte. Über Jahre verschleppte das Weiße Haus die Berufung von Mitgliedern dafür oder die Bereitstellung der zweckgebundenen Mittel. 2004 wurde DeForest »Buster« Soaries jr., ein Geistlicher aus New Jersey, zum Direktor der Kommission ernannt. Als erste Amtshandlung bat er den Kongress darum, der Kommission die Befugnis zu erteilen, im Fall eines Terrorangriffs die Wahl abzusagen.

Gott ist Republikaner. In einer Unterhaltung mit einer Gruppe Amish-Bauern sagte der Präsident: »Gott spricht durch mich.«

Die Republikaner haben einen Sinn für Geschichte. Mitch McConnell, Senator aus Kentucky, möchte Alexander Hamilton auf dem 10-Dollar-Schein durch Ronald Reagan ersetzen. Dana Rohrabacher, Kongressabgeordneter aus Kalifornien, möchte Andrew Jackson auf dem 20-Dollar-Schein durch Ronald Reagan ersetzen. Jeff Miller, Kongressabgeordneter aus Florida, möchte John Kennedy auf dem 50-Cent-Stück durch Ronald Reagan ersetzen. Mark Souder, Kongressabgeordneter aus Indiana, möchte Franklin Roosevelt auf dem 10-Cent-Stück durch Ronald Reagan ersetzen. Bill Frist, Mehrheitsführer im Senat, möchte das Pentagon in *Ronald Reagan National Defense Building* umbenennen. Grover Norquist von der *Leave Us Alone Coalition* (zu ihren wöchentlichen Treffen kommen auch Vertreter des Präsidenten und des Vizepräsidenten) und Direktor des *Ronald Reagan Legacy Project* möchte in jedem der 3.000 Bezirke der Vereinigten Staaten eine Ronald-Reagan-Statue errichten. Matt Salmon, Kongressabgeordneter aus Arizona, möchte Ronald Reagans Kopf in den Mount Rushmore meißeln lassen.

George W. Bush, Präsident der Vereinigten Staaten, ist Republikaner. Zur Demonstration eines persönlichen Opfers und seiner Entschlossenheit, den Krieg gegen den Terror zu gewinnen, verzichtete er einige Tage, bevor er den Einmarsch im Irak verkündete, auf Nachtisch und Süßigkeiten.

12. August 2004

Was ich hörte
vom Irak

1992, ein Jahr nach dem Ersten Golfkrieg, hörte ich den damaligen Verteidigungsminister Dick Cheney sagen, die USA hätten gut daran getan, nicht nach Bagdad einzumarschieren und »sich bei dem Versuch, im Irak die Macht zu übernehmen, in den Sumpf der Probleme hineinziehen zu lassen«. Ich hörte ihn sagen: »Folgende Frage beschäftigt mich: Wie viele zusätzliche amerikanische Opfer ist Saddam wert? Und die Antwort lautet: Verdammt, nicht sehr viele.«

Im Februar 2001 hörte ich Außenminister Colin Powell sagen, Saddam Hussein habe »bei Massenvernichtungswaffen kein wesentliches Potenzial entwickelt. Er ist nicht in der Lage, konventionelle Gewalt gegen seine Nachbarn auszuüben.«

Im selben Monat hörte ich, ein Bericht der CIA stelle fest: »Wir haben keinen unmittelbaren Hinweis darauf, dass der Irak die Zeit seit Desert Fox genutzt hat, um seine Programme für Massenvernichtungswaffen wieder aufzubauen.«

Zwei Monate später hörte ich die Nationale Sicherheitsberaterin Condoleezza Rice sagen: »Wir sind in der Lage, seine Waffen von ihm fernzuhalten. Seine Militärmacht ist nicht wiederhergestellt.«

Am 11. September 2001, sechs Stunden nach den Angriffen, hörte ich, Verteidigungsminister Donald Rumsfeld habe gesagt, es könne eine Gelegenheit sein, den Irak zu »treffen«. Ich hörte, er habe gesagt: »Jetzt wird geklotzt. Und aufgeräumt. Zusammenhang hin oder her.«

Ich hörte, Condoleezza Rice habe gefragt: »Wie schlägt man aus diesen Gelegenheiten Kapital?«

Ich hörte, der Präsident habe am 17. September ein Dokument mit dem Vermerk »TOP SECRET« unterzeichnet, das das Pentagon anwies, mit den Planungen für die Invasion zu beginnen, und dass er einige Monate später heimlich und widerrechtlich 700 Millionen Dollar, die der Kongress für Operationen in Afghanistan genehmigt hatte, auf die Vorbereitung der neuen Front umleitete.

Im Februar 2002 hörte ich, ein ungenannter »hoher Armeekommandeur« habe gesagt: »Wir ziehen militärisches und nachrichtendienstliches Personal und Geld aus Afghanistan ab, um uns auf einen künftigen Krieg im Irak vorzubereiten.«

Ich hörte den Präsidenten sagen, der Irak sei »eine Bedrohung von außerordentlicher Dringlichkeit« und es bestehe »kein Zweifel, dass das irakische Regime nach wie vor die tödlichsten Waffen besitzt, die je entwickelt worden sind.«

Ich hörte den Vizepräsidenten sagen: »Einfach gesagt besteht kein Zweifel, dass Saddam Hussein jetzt Massenvernichtungsmittel hat.«

Ich hörte den Präsidenten vor dem Kongress sagen: »Die Gefahr für unser Land ist ernst. Die Gefahr für unser Land wächst. Das Regime trachtet nach der Atombombe und könnte sie mit spaltbarem Material binnen eines Jahres bauen.«

Ich hörte ihn sagen: »Die Gefahren, denen wir uns gegenübersehen, werden von Monat zu Monat, von Jahr zu Jahr nur noch größer. Diese Bedrohungen zu ignorieren heißt, sie zu fördern. Und wenn sie ganz real geworden sind, könnte es zu spät sein, um uns, unsere Freunde und unsere Verbündeten zu schützen. Dann hätte der irakische Diktator die Mittel, die Region zu terrorisieren und zu beherrschen. Jeder weitere Tag könnte derjenige sein, an dem das irakische Regime einem terroristischen Verbündeten Anthrax, VX-Nervengas oder eines Tages auch eine Atomwaffe gibt.«

Ich hörte den Präsidenten in der Rede zur Lage der Nation sagen, der Irak verstecke 25.000 Liter Anthrax, 38.000 Liter Botulinumtoxin und 500 Tonnen Sarin, Senf- und Nervengas.

Ich hörte den Präsidenten sagen, der Irak habe versucht, Uran – später als »Yellowcake«-Uranoxid aus Niger spezifiziert – und Tausende von Aluminiumröhren zu kaufen, »die für die Produktion von Atomwaffen geeignet sind«.

Ich hörte den Vizepräsidenten sagen: »Wir wissen, dass er unbedingt Atomwaffen erwerben will, und wir glauben, dass er Atomwaffen tatsächlich wieder hergestellt hat.«

Ich hörte den Präsidenten sagen: »Stellen Sie sich diese 19 Entführer mit anderen Waffen und anderen Plänen vor, diesmal von Saddam Hussein bewaffnet. Ein Fläschchen, ein Kanister, eine Kiste, in dieses Land geschmuggelt, könnte einen Tag des Schreckens bringen, wie wir noch keinen erlebt haben.«

Ich hörte Donald Rumsfeld sagen: »Manche behaupten, die nukleare Bedrohung durch den Irak sei nicht aktuell. Ich wäre mir da nicht so sicher.«

Ich hörte den Präsidenten sagen: »Amerika darf die Bedrohung, die sich gegen uns aufbaut, nicht ignorieren. Angesichts klarer Hinweise auf die Gefahr können wir nicht auf den endgültigen Beweis warten – den rauchenden Revolver –, der die Form eines Atompilzes haben könnte.«

Ich hörte Condoleezza Rice sagen: »Wir wollen nicht, dass der ›rauchende Revolver‹ ein Atompilz wird.«

Ich hörte den US-amerikanischen Botschafter bei der Europäischen Union zu den Europäern sagen: »Sie in Europa hatten Hitler, und niemand hat etwas gegen ihn unternommen. Der gleiche Typus ist in Bagdad.«

Ich hörte Colin Powell vor den Vereinten Nationen sagen: »Sie können in einem einzigen Monat genügend trockene biologische Kampfstoffe herstellen, um Tausende und Abertausende Menschen zu töten. Saddam Hussein hat die großen Mengen an chemischen Waffen nie erklärt: 550 Artilleriegranaten mit Senfgas, 30.000 Stück leere Munition und genügend Vorstu-

fen, um sein Lager auf bis zu 500 Tonnen chemischer Kampfstoffe aufzustocken. Unserer konservativen Schätzung zufolge hat der Irak heute einen Vorrat von 100 bis 500 Tonnen
chemischer Kampfstoffe. Selbst die niedrigste Schätzung von
100 Tonnen würde Saddam Hussein befähigen, ein Massen-
sterben auf einem Gebiet von über 250 Quadratkilometern
auszulösen, einer Fläche, die nahezu fünf Mal so groß ist wie
Manhattan.«

Ich hörte ihn sagen: »Jede Aussage, die ich heute mache, wird
von Quellen, von fundierten Quellen gestützt. Das sind keine
Behauptungen. Wir tragen Ihnen Tatsachen und Schlussfolgerungen vor, die auf fundierten Informationen beruhen.«

Ich hörte den Präsidenten sagen, dass »der Irak über eine
wachsende Flotte bemannter und unbemannter Flugzeuge
verfügt, die eingesetzt werden könnte, um chemische oder
biologische Kampfstoffe über weiten Gebieten einzusetzen«.
Ich hörte ihn sagen, der Irak könne »einen biologischen oder
chemischen Angriff in nur 45 Minuten nach Erteilung des
Befehls unternehmen«.

Ich hörte Tony Blair, den britischen Premierminister, sagen:
»Wir sollen akzeptieren, dass Saddam sich entschieden hat,
diese Waffen zu vernichten. Ich sage, eine solche Behauptung
ist vollkommen absurd.«

Ich hörte den Präsidenten sagen: »Wir wissen von Kontakten
auf höchster Ebene zwischen dem Irak und al-Qaida, die ein
Jahrzehnt zuvor begonnen haben. Wir haben erfahren, dass der

Irak Mitglieder von al-Qaida in der Herstellung von Bomben, Giften und tödlichen Gasen ausgebildet hat. Ein Bündnis mit Terroristen könnte es dem irakischen Regime ermöglichen, Amerika anzugreifen, ohne auch nur einen Fingerabdruck zu hinterlassen.«

Ich hörte den Vizepräsidenten sagen: »Es gibt erdrückende Hinweise darauf, dass es eine Verbindung zwischen al-Qaida und der irakischen Regierung gegeben hat. Ich bin überzeugt davon, dass es da eine feste Verbindung gab.«

Ich hörte Colin Powell sagen: »Vertreter des Irak leugnen Vorwürfe von Bindungen zu al-Qaida. Diese Leugnungen sind schlicht unglaubwürdig.«

Ich hörte Condoleezza Rice sagen: »Es gibt eindeutig Kontakte zwischen al-Qaida und Saddam Hussein, die dokumentiert werden können.«

Ich hörte den Präsidenten sagen: »Man kann zwischen al-Qaida und Saddam nicht unterscheiden.«

Ich hörte Donald Rumsfeld sagen: »Stellen Sie sich einen 11. September mit Massenvernichtungsmitteln vor. Dann sind es nicht dreitausend – dann sind es Zehntausende unschuldiger Männer, Frauen und Kinder.«

Ich hörte Colin Powell vor dem Senat sagen, es komme »ein Augenblick der Wahrheit«: »Das ist hier nicht nur eine akademische Übung oder dass die Vereinigten Staaten verärgert

sind. Wir reden hier über reale Waffen. Wir reden über Anthrax. Wir reden über Botulinumtoxin. Wir reden über Atom-
waffenprogramme.«

Ich hörte Donald Rumsfeld sagen: »Kein Terroristenstaat stellt
eine größere oder unmittelbarere Bedrohung für die Sicherheit unseres Volkes dar.«

Ich hörte den Präsidenten »zornbebend« sagen: »Diese Sache
mit der Zeit, wie viel Zeit brauchen wir, um klar zu sehen,
dass er nicht abrüstet? Er spielt auf Zeit. Er betrügt. Er bittet
um Zeit. Er spielt mit den Inspektoren Verstecken. Eines steht
fest, er rüstet nicht ab. Unsere Freunde haben doch bestimmt
ihre Lehren aus der Vergangenheit gezogen. Das ist hier wie
die Wiederaufführung eines schlechten Films, und ich habe
keine Lust, ihn mir anzusehen.«

Ich hörte, dem Senat sei wenige Tage vor der Genehmigung
der Invasion in den Irak in einer vertraulichen Mitteilung
vom Pentagon gesagt worden, der Irak könne mittels unbemannter »Drohnen« Anthrax und andere biologische und
chemische Waffen gegen die Ostküste der Vereinigten Staaten
einsetzen.

Ich hörte Donald Rumsfeld sagen, er werde keine spezifischen
Hinweise auf irakische Massenvernichtungswaffen vorlegen,
weil das die militärische Mission gefährden könne, indem
man Bagdad offenlege, was die Vereinigten Staaten wüssten.

★

Ich hörte, wie der Pentagon-Sprecher den Militärplan »A-Day« oder »Shock and Awe« nannte. Drei- oder vierhundert Cruise Missiles würden täglich abgefeuert, bis »es keinen sicheren Ort in Bagdad mehr gibt«, bis »man diesen simultanen Effekt hat wie damals bei den Atomwaffen in Hiroshima, aber nicht innerhalb von Tagen oder Wochen, sondern von Minuten«. Ich hörte den Sprecher sagen: »Sie sitzen in Bagdad, und auf einmal sind Sie der General, und dreißig Ihrer Divisionsstäbe sind ausradiert. Sie legen auch die Stadt lahm. Damit meine ich, dass Sie dort Strom und Wasser ausschalten. In zwei, drei, vier, fünf Tagen sind sie physisch, emotional und psychisch erschöpft.« Ich hörte ihn sagen: »Etwas so Riesiges hat man nie zuvor gesehen, nie auch nur daran gedacht.«

Ich hörte, wie Generalmajor Charles Swannack versprach, seine Truppen würden »mit dem Hammer eine Walnuss knacken«.

Ich hörte den Sprecher des Pentagon sagen: »Das wird nicht der Persische Golfkrieg Ihres Vaters.«

Ich hörte, Saddams Strategie gegen die amerikanische Invasion sei es, Dämme, Brücken und die Ölfelder zu sprengen und die Lieferung von Lebensmitteln in den Süden abzuschneiden, so dass die Amerikaner auf einmal Millionen verzweifelter Zivilisten ernähren müssten. Ich hörte, Bagdad werde von zwei Ringen der Elitetruppe *Republican Guard* umgeben sein, deren Kampfstellungen schon mit Waffen und Nachschub bestückt und die mit Schutzkleidung gegen die Giftgas- oder bakteriellen Waffen ausgerüstet seien, die sie gegen die amerikanischen Truppen einsetzen würden.

Ich hörte Vizeadmiral Lowell Jacoby vor dem Kongress sagen, Saddam werde »eine Strategie der ›verbrannten Erde‹ anwenden, Nahrung, Transportmittel, Energie und andere Teile der Infrastruktur zerstören und so versuchen, eine humanitäre Katastrophe zu schaffen«, und dass er alles den Amerikanern in die Schuhe schieben werde.

Ich hörte, der Irak werde seine Langstreckenraketen *Scud*, ausgerüstet mit chemischen oder biologischen Sprengköpfen, auf Israel abschießen, »um den Krieg als Schlacht gegen ein amerikanisch-israelisches Bündnis darzustellen und Unterstützung in der arabischen Welt aufzubauen.«

Ich hörte, Saddam habe zu seinem Schutz ausgeklügelte unterirdische Bunkerlabyrinthe und dass es nötig werden könne, die nuklearen »Bunker brechenden« Bomben B-61 Mod 11 einzusetzen, um sie zu zerstören.

Ich hörte den Vizepräsidenten sagen, der Krieg werde »eher in Wochen als in Monaten« vorbei sein.

Ich hörte Donald Rumsfeld sagen: »Er könnte sechs Tage, sechs Wochen dauern. Sechs Monate bezweifle ich.«

Ich hörte Donald Rumsfeld sagen, es sei »keine Frage«, dass amerikanische Truppen »willkommen geheißen« würden: »Damals in Afghanistan waren die Leute auf der Straße und spielten Musik, jubelten, ließen Drachen steigen und machten alles, was sie unter den Taliban und al-Qaida nicht durften.«

Ich hörte den Vizepräsidenten sagen: »Der Experte für den Mittleren Osten, Professor Fouad Ajami, sagt voraus, nach der Befreiung würden die Leute auf den Straßen Basras und Bagdads ›mit Sicherheit in Freude ausbrechen‹. Extremisten in der Region müssten ihre Strategie des Dschihad überdenken. Gemäßigte in der gesamten Region würden Mut fassen. Und unsere Fähigkeit, den israelisch-palästinensischen Friedensprozess voranzubringen, würde verbessert.«

Ich hörte den Vizepräsidenten sagen: »Ich glaube wirklich, wir werden als Befreier begrüßt.«

Ich hörte Tariq Aziz, den irakischen Außenminister, sagen: »Man wird die amerikanischen Soldaten nicht mit Blumen empfangen. Man wird sie mit Kugeln empfangen.«

Ich hörte, der Präsident habe dem Fernsehprediger Pat Robertson gesagt: »Ach, wir werden keine Verluste haben.«

Ich hörte den Präsidenten sagen, er habe sich mit seinem Vater über den bevorstehenden Krieg beraten: »Wissen Sie, er ist der falsche Vater, um von ihm Kraft zu erbitten. Ich bitte einen höheren Vater darum.«

Ich hörte den Premierminister der Salomon-Inseln seine Überraschung darüber äußern, dass sein Land in der Koalition der Willigen aufgeführt sei: »Das war mir überhaupt nicht bewusst.«

Ich hörte den Präsidenten am Abend vor dem Beginn der Invasion dem irakischen Volk sagen: »Wenn wir einen Feldzug beginnen müssen, so ist er nicht gegen Sie gerichtet, sondern gegen die gesetzlosen Männer, die Ihr Land regieren. Indem unsere Koalition ihnen die Macht nimmt, bringen wir Ihnen die Nahrung und die Medikamente, die Sie brauchen. Wir werden den Terrorapparat zerschlagen. Und wir werden Ihnen helfen, einen neuen Irak mit Wohlstand und Freiheit aufzubauen. In einem freien Irak wird es keine Angriffskriege mehr gegen Ihre Nachbarn geben, keine Giftfabriken, keine Exekutionen von Dissidenten mehr, keine Folterkammern und Vergewaltigungsräume. Der Tyrann wird bald verschwunden sein. Der Tag Ihrer Befreiung ist nah.«

Ich hörte, wie er dem irakischen Volk sagte: »Wir werden nicht ruhen, bis Ihr Land frei ist.«

★

Ich hörte den Vizepräsidenten sagen: »Selbst verglichen mit den glänzendsten Offensiven der Militärgeschichte, die der Deutschen in den Ardennen im Frühjahr 1940 oder Pattons Siegeszug im Juli 1944, ist unser Sturm auf Bagdad hinsichtlich Tempo, Kühnheit und geringer Verlustzahlen beispiellos.«

Ich hörte Oberst David Hackworth sagen: »Dumdideldum – gleich machen wir Bumm.«

Ich hörte den Sprecher des Pentagon sagen, 95 Prozent der irakischen Opfer seien »Männer im wehrpflichtigen Alter.«

Ich hörte einen Vertreter des Roten Halbmonds sagen: »Allein auf einem Autobahnabschnitt standen über 50 Zivilfahrzeuge, in denen jeweils vier oder fünf Menschen verbrannt waren, die standen 10, 15 Tage in der Sonne, bis sie von Freiwilligen in der Nähe begraben wurden. Das heißt, das, was ihre Verwandten noch vorfinden. Der Krieg ist schlimm, aber seine Überbleibsel sind schlimmer.«

Ich hörte den Direktor eines Bagdader Krankenhauses sagen: »Das Krankenhaus ist eine einzige Notaufnahme. Die Art der Verletzungen ist so schwer – ein Körper ohne Kopf, ein anderer mit aufgerissenem Bauch.« Ich hörte ihn sagen: »Die Menschen sind angesichts dieser Kriegswaffen so zerbrechlich.«

Ich hörte einen amerikanischen Soldaten sagen: »Über meinem Bett hängt ein Bild vom World Trade Center, und auch in meiner Kevlar [kugelsichere Weste] habe ich eins. Jedes Mal, wenn mir diese Leute leidtun, schaue ich es mir an. Dann denke ich: ›Die haben bei uns zugeschlagen, jetzt sind wir dran.‹«

Ich hörte von Hashim, einem dicken, »furchtbar schüchternen« Fünfzehnjährigen, der immer gern stundenlang mit seinem Vogelkäfig am Fluss saß und der von der 4. Infanteriedivision beim Angriff auf sein Dorf erschossen wurde. Nach den Einzelheiten des Todes des Jungen befragt, sagte der Divisionskommandeur: »Diese Person war wahrscheinlich zur falschen Zeit am falschen Ort.«

Ich höre einen amerikanischen Soldaten sagen: »Kinder bewerfen uns mit Steinen. Da willst du dich am liebsten umdrehen und einen von den kleinen Scheißern erschießen, aber das geht ja nicht.«

Ich hörte den Sprecher des Pentagon sagen, dass die USA zivile Opfer nicht zähle: »Unsere Bemühungen konzentrieren sich darauf, die Kampfkraft des Feindes zu zerstören, daher zielen wir niemals auf Zivilisten und haben auch keinen Anlass zu versuchen, solch unbeabsichtigte Todesfälle zu zählen.« Ich hörte ihn sagen, dies wäre ohnehin unmöglich, da die irakischen Paramilitärs in Zivil kämpften, die regulären Truppen Zivilpersonen als menschliche Schutzschilde benutzten und viele der zivilen Toten dem irakischen »ungezielten Flugabwehrfeuer, das zurück auf die Erde fällt«, zuzuschreiben seien.

Ich hörte einen amerikanischen Soldaten sagen: »Das Schlimmste ist, auf einen von denen zu schießen und ihm dann zu helfen«, wie es die Vorschrift verlangt. »Scheiße, ich hab keinem von denen geholfen. Ich würde diesen Ärschen nicht helfen. Da gab's welche, die hat man sterben lassen. Und anderen hat man zwei verpasst. Wenn du erst das Ziel erreicht hast und wenn du auf sie geschossen hast und du weiter gehst und da ist was, schießt du wieder. Da wollte man keine Kriegsgefangenen machen.«

Ich hörte Anmar Uday, den Arzt, der sich um die Gefreite Jessica Lynch gekümmert hatte, sagen: »Wir hörten die Hubschrauber. Wir waren überrascht. Was soll das? Da waren keine Truppen. In den Krankenhäusern waren keine Soldaten. Das war wie in einem Hollywood-Film. Sie schrien: ›Los, los, los‹, dazu Waffen und Leuchtkugeln und Explosionen. Die machten eine Show, einen Actionfilm wie Sylvester Stallone oder Jackie Chan, sie sprangen rum und brüllten und traten Türen ein. Und die ganze Zeit liefen Kameras.«

Ich hörte die Gefreite Jessica Lynch sagen: »Man hat mich als eine Art Symbol für diesen ganzen Kram benutzt. Irgendwie hat das weh getan, dass Leute Geschichten erfunden haben, an denen nichts Wahres dran war.« Ich hörte sie über die Geschichten sagen, wonach sie sich gegen die Männer, die sie gefangen nahmen, tapfer gewehrt und Schuss- und Stichwunden erlitten habe: »Ich nehme nichts für mich in Anspruch, das ich nicht getan habe.« Ich hörte sie über ihre dramatische »Rettung« sagen: »Ich glaube nicht, dass es so passiert ist.«

Ich hörte das Rote Kreuz sagen, es gebe so viele Opfer in Bagdad, dass die Krankenhäuser aufgehört hätten zu zählen.

Ich hörte einen alten Mann sagen, nachdem elf Mitglieder seiner Familie – Kinder und Enkel – gestorben waren, als ein Panzer ihren Minivan zerfetzte: »Unser Haus ist ein leerer Ort. Wir Übriggebliebenen leben wie die wilden Tiere. Wir können nur noch schreien.«

Als es mit den Krawallen und Plünderungen losging, hörte ich einen Mann auf dem Markt von Bagdad sagen: »Saddam Husseins größtes Verbrechen ist es, dass er die amerikanische Armee in den Irak gebracht hat.«

Als es mit den Krawallen und Plünderungen losging, hörte ich Donald Rumsfeld sagen: »Es ist unordentlich, und die Freiheit ist unordentlich.«

Ich hörte ihn sagen: »Ich habe heute eine Zeitung aufgeschlagen und konnte es nicht glauben. Ich las acht Schlagzeilen, die von Chaos, Gewalt, Unruhen sprachen. Es war alles einfach Kinderkram – ›Der Himmel fällt runter.‹ So was habe ich noch nie gesehen! Da wird ein Land befreit, da werden Leute bald nicht mehr unterdrückt und von einem üblen Diktator schikaniert und sie werden befreit. Und dieser Zeitung fällt nichts anderes ein, die zeigt mit ihren acht oder zehn Schlagzeilen einen blutenden Mann, einen Zivilisten, auf den wir geschossen haben sollen – eins nach dem anderen. Das ist einfach unglaublich.«

Und als das Nationalmuseum leergeräumt und die Nationalbibliothek niedergebrannt wurde, hörte ich Donald Rumsfeld sagen: »Die Bilder, die man im Fernsehen sieht, die sieht man immer und immer wieder, und es ist immer dasselbe Bild von einer Gestalt, die mit einer Vase aus einem Gebäude läuft, und das sieht man 20 Mal, und man denkt: ›Mein Gott, hatten die so viele Vasen? Ist es denn möglich, dass es in diesem ganzen Land so viele Vasen gab?‹«

Ich hörte, dass 10.000 irakische Zivilisten tot seien.

*

Ich hörte Colin Powell sagen: »Ich bin absolut sicher, dass es dort Massenvernichtungsmittel gibt und dass die Beweise bald vorliegen. Wir sind dicht an ihnen dran.«

Ich hörte den Präsidenten sagen: »Wir finden sie. Es ist nur eine Frage der Zeit.«

Ich hörte Donald Rumsfeld sagen: »Wir wissen, wo sie sind. Sie sind in dem Gebiet um Tikrit und Bagdad und im Osten, Westen, Süden, Norden, irgendwo.«

Ich hörte, die USA bauten vierzehn »dauerhafte Basen«, die 110.000 Soldaten aufnehmen können, und ich hörte, wie Brigadegeneral Mark Kimmitt sie »ein Modell dafür, wie wir im Nahen Osten operieren könnten« nannte. Ich hörte, die USA bauten ihre weltweit größte Botschaft.

Ich hörte, es sei nur eine Frage von Monaten, bis Starbucks und McDonald's Filialen in Bagdad eröffneten. Ich hörte, die Bank HSBC werde im ganzen Land Geldautomaten aufstellen.

Ich hörte von den Handelsmessen von New Bridge Strategies, einer Consulting-Firma, die Zugang zum irakischen Markt versprach. Ich hörte einen ihrer Partner sagen: »Die Rechte für den Vertrieb von Procter & Gamble zu bekommen, das kann eine Goldgrube sein. Ein gut sortiertes 7-Eleven könnte dreißig irakische Läden plattmachen. Ein Wal-Mart könnte das Land übernehmen.«

Am 1. Mai 2003 hörte ich den Präsidenten, als Pilot kostümiert, unter einem Transparent mit der Aufschrift »Mission Accomplished« [Auftrag erledigt] verkünden, die Kampfhandlungen seien nun vorbei: »Die Schlacht im Irak ist ein Sieg im Krieg gegen den Terror, der am 11. September 2001 begann.« Ich hörte ihn sagen: »Die Befreiung des Irak ist ein entscheidender Vorstoß auf dem Feldzug gegen den Terror. Wir haben einen Verbündeten von al-Qaida beseitigt und eine Quelle der Terroristenfinanzierung abgeschnitten. Und so viel steht fest: Kein Terroristennetzwerk wird Massenvernichtungswaffen vom irakischen Regime erhalten, weil es das Regime nicht mehr gibt. In diesen 19 Monaten, die die Welt verändert haben, waren unsere Aktionen besonnen und angemessen auf dieses Verbrechen konzentriert. Wir haben die Opfer des 11. September nicht vergessen – die letzten Telefongespräche, den eiskalten Mord an Kindern, die Suche in den Trümmern. Mit diesen Angriffen haben die Terroristen und ihre Helfer den Vereinigten Staaten den Krieg erklärt. Und diesen Krieg haben sie nun bekommen.«

Am 1. Mai 2003 hörte ich, dass 140 amerikanische Soldaten im Irak im Kampf gefallen seien.

Ich hörte, wie Richard Perle, Berater im Verteidigungsministerium, den Amerikanern sagte, sie sollten »sich entspannen und den Sieg feiern«. Ich hörte ihn sagen: »Die Voraussagen derjenigen, die diesen Krieg ablehnten, können wie leere Patronen weggeworfen werden.«

Ich hörte Generalleutnant Jay Garner sagen: »Wir sollten in den Spiegel schauen und stolz sein, Brust raus, Bauch rein, und sagen: ›Verdammt, wir sind Amerikaner.‹«

Und später hörte ich, ich könne eine 30 Zentimeter große Action-Figur »Elite Force Aviator: George W. Bush« kaufen: »Detailgetreu und in vollständiger authentischer Montur, ist diese limitierte Action-Figur eine präzise Nachbildung unseres Oberbefehlshabers im Maßstab 1:6, wie er bei seiner historischen Landung auf dem Flugzeugträger ausgesehen hat. Diese voll bewegliche Figur hat realistische Gesichtszüge, eine detaillierte Fliegerkombi aus Stoff, Helm mit Sauerstoffmaske, Survival-Weste, Anti-g-Hose, Fallschirmgurten und vieles mehr.«

Im Februar 2003, ein Monat vor der Invasion, hörte ich, wie General Eric Shineski vor dem Kongress sagte, zur Besetzung des Irak würden »mehrere hunderttausend Mann« benötigt. Ich hörte, wie Paul Wolfowitz, der stellvertretende Verteidigungsminister, das als »weit daneben« belächelte. Ich hörte, der Staatssekretär für die Armee, Thomas White, ein ehemaliger General, sei gefeuert worden, weil er derselben Meinung war. Im Mai 2003 hörte ich, die Planer im Pentagon hätten vorausgesagt, die Truppenstärke der USA werde bis Ende des Sommers auf 30.000 fallen.

*

Ich hörte, Paul Bremers erste Amtshandlung als Leiter der Übergangsverwaltung sei gewesen, alle Mitglieder der Baath-Partei zu feuern, darunter 100.000 Beamte, Polizisten, Lehrer und Ärzte, und alle 400.000 Soldaten der irakischen Armee ohne Bezahlung oder Rente zu entlassen. Auf diese Einkommen waren zwei Millionen Menschen angewiesen. Da Amerika den privaten Waffenbesitz unterstützt, durften die Soldaten ihre Waffen behalten.

Ich hörte, allein in Bagdad seien Hunderte entführt und vergewaltigt worden, Schulen, Krankenhäuser, Geschäfte und

Fabriken seien geplündert worden, es sei unmöglich, die Stromversorgung instand zu setzen, weil sämtlicher Kupferdraht aus den Kraftwerken gestohlen worden sei.

Ich hörte Paul Bremer sagen: »Überwiegend herrscht im Land Ordnung«, und dass alle Probleme von »einem harten Kern einiger Hundert Terroristen« von al-Qaida und angeschlossenen Gruppen ausgingen.

Als die Angriffe auf US-Soldaten zunahmen, hörte ich, dass die Generäle uneins waren, wer da kämpfte: islamistische Fundamentalisten, Reste der Baath-Partei, irakische Söldner, ausländische Söldner oder normale Bürger, die sich für den Verlust von Verwandten rächten. Ich hörte, wie Präsident, Vizepräsident, Politiker und Fernsehreporter sie einfach »Terroristen« nannten.

Ich hörte den Präsidenten sagen: »Manche meinen, die Situation ist so, dass sie uns dort angreifen können. Meine Antwort lautet: Sollen sie kommen! Wir haben die nötige Macht, um mit der Lage fertig zu werden.«

Ich hörte, dass 25.000 irakische Zivilisten tot seien.

Ich hörte Arnold Schwarzenegger, der zu der Zeit als Gouverneur kandidierte, in Bagdad anlässlich einer Vorführung von *Terminator 3* eigens für die Truppe sagte: »Es ist echt Wahnsinn, hier rumzufahren, also, die Armut, und man sieht ja, dass da kein Geld ist, das ist ein finanzielles Desaster, und dann noch das Führungsvakuum, eigentlich wie in Kalifornien.«

Ich hörte, dass die Armee ganze Dörfer mit Stacheldraht umschloss, daran Schilder, auf denen stand: »Dieser Draht dient Ihrem Schutz. Nähern Sie sich ihm nicht und versuchen Sie nicht, ihn zu übersteigen, sonst werden Sie erschossen.« In einem dieser Dörfer hörte ich einen Mann namens Tariq sagen: »Ich sehe keinen Unterschied zwischen uns und den Palästinensern.«

Ich hörte Hauptmann Todd Brown sagen: »Man muss die arabische Denkweise verstehen. Das Einzige, das sie verstehen, ist Gewalt – Gewalt, Stolz und das Gesicht wahren.«

Ich hörte, die USA hätten als »Geschenk des amerikanischen Volkes an das irakische« 18,4 Milliarden Dollar für den Wiederaufbau der nötigsten Infrastruktur bereitgestellt, dass künftige irakische Regierungen aber kein Mitspracherecht hätten, wie das Geld ausgegeben werde. Ich hörte, die Wirtschaft werde ausländischem Besitz geöffnet und dass dies unabänderlich sei. Ich hörte, die irakische Armee werde unter dem Kommando der USA stehen und dass dies unabänderlich sei. Ich hörte allerdings auch, dass die »volle Befugnis« über Gesundheitswesen und Krankenhäuser den Irakern übertragen worden sei und hochrangige amerikanische Gesundheitsberater abgezogen worden seien. Ich hörte Tommy Thompson, den Gesundheitsminister, sagen, die irakischen Krankenhäuser wären in Ordnung, wenn die Iraker »sich nur die Hände wüschen und die Kacke von den Wänden wischten«.

Ich hörte Oberst Nathan Sassaman sagen: »Mit einer kräftigen Dosis Angst und Gewalt und einer Menge Geld für Projekte können wir diese Leute, glaube ich, davon überzeugen, dass wir hier sind, um ihnen zu helfen.«

Ich hörte Richard Perle sagen: »Nächstes Jahr um diese Zeit wird es in dieser Region bestimmt einen richtig blühenden Handel geben, und dann werden wir eine rasche Wirtschaftsentwicklung erleben. Und ich wäre sehr überrascht, wenn in einem Jahr nicht ein großer Platz in Bagdad nach Präsident Bush benannt ist.«

★

Ich hörte von der Operation *Ivy Cyclone*, bei der F-16-Bomber 500-Pfund-Bomben abwarfen. Ich hörte von der Operation *Vigilant Resolve*. Ich hörte von der Operation *Plymouth Rock*. Ich hörte von der Operation *Iron Hammer*, deren Name auf *Eisenhammer* zurückgeht, den Plan der Nazis, sowjetische Kraftwerke zu zerstören.

Ich hörte, dass die Vorschriften der Air Force verlangen, dass jeder Luftangriff, dem voraussichtlich mehr als dreißig Zivilisten zum Opfer fallen, vom Verteidigungsminister persönlich genehmigt werden müsse, und ich hörte, dass Donald Rumsfeld jeden Antrag genehmigt habe.

Ich hörte einen Marine-Oberst sagen: »Wir haben die Brücken mit Napalm beworfen. Leider waren Leute dort. Nicht eben toll, so ein Tod.«

Ich hörte einen Marine das »dead-checking« [Todprüfen] beschreiben: »Man bringt uns bei, ›dead-checking‹ zu machen, wenn wir Räume säubern. Man jagt einem zwei Kugeln in die Brust und eine ins Gehirn. Aber wenn man in einen Raum kommt, in dem Verwundete sind, weiß man ja vielleicht nicht, ob sie leben oder tot sind. Also bringt man uns bei, sie ›todzuprüfen‹, indem wir ihnen mit dem Stiefel aufs Auge drücken, weil ein Mensch, selbst wenn er sich tot stellt, im Allgemeinen zuckt, wenn man ihn da drauf stößt. Zuckt er, jagt man ihm eine Kugel in den Kopf. Das macht man, damit der Schwung erhalten bleibt, wenn man ein Gebäude durchkämmt. Man hat's ja nicht gern, wenn einer hinter einem aufsteht und einen erschießt.«

Ich hörte den Präsidenten sagen: »Wir drängen die terroristische Bedrohung zurück, nicht an den Rändern ihres Einflussbereichs, sondern im Herzen ihrer Macht.«

Als die Zahl der Todesopfer unter den amerikanischen Soldaten 500 erreichte, hörte ich Brigadegeneral Kimmitt sagen: »Ich glaube nicht, dass die Soldaten auf willkürliche Zahlen wie die von Opfern als Gradmesser ihrer Moral schauen. Sie wissen, dass sie eine Nation haben, die hinter ihnen steht.«

Ich hörte einen amerikanischen Soldaten sagen, der neben seinem Humvee stand: »Wir haben den Irak befreit. Und jetzt wollen uns die Leute hier nicht, und wissen Sie, was? Wir wollen auch nicht hier sein. Warum sind wir also immer noch hier? Warum holt man uns nicht nach Hause?«

Ich hörte Colin Powell sagen: »Wir haben nicht erwartet, es würde ganz so intensiv sein und so lange dauern.«

Ich hörte Donald Rumsfeld sagen: »Unsere Willenskraft steht auf dem Prüfstand.«

Ich hörte den Präsidenten sagen: »Wir haben biologische Labors gefunden. Die sind illegal. Die sind gegen die Resolutionen der Vereinten Nationen, und bislang haben wir zwei entdeckt. Und nach und nach werden wir weitere Waffen finden. Aber diejenigen, die sagen, wir hätten die verbotenen Produktionsgeräte oder verbotenen Waffen nicht gefunden, die liegen falsch, wir haben sie gefunden.«

Ich hörte Tony Blair sagen: »In Massengräbern wurden die Überreste von 400.000 Menschen gefunden.« Und ich sah seine Aussage in einer Broschüre der US-Regierung wiederholt: »Iraks Erbe des Terrors: Massengräber«, und auf einer Website der US-Regierung, wonach dies »ein Verbrechen gegen die Menschlichkeit [darstelle], das nur noch vom ruandischen Völkermord, Pol Pots kambodschanischen Killing Fields in den siebziger Jahren und dem Nazi-Holocaust des Zweiten Weltkriegs übertroffen wird.«

*

Ich hörte den Präsidenten sagen: »Heute danke ich dem Herrgott auf Knien, dass er unsere Truppen in Übersee beschützt wie auch unsere Koalitionstruppen und unschuldige Iraker, die unter einigen jener sinnlosen Morde von Leuten leiden, die versuchen, unsere Willenskraft zu erschüttern.«

Ich hörte, er sei der erste Präsident, der in Kriegszeiten noch bei keinem Begräbnis eines toten Soldaten zugegen war. Ich hörte, Fotografien von den fahnengeschmückten Särgen, die zurückkehrten, seien verboten. Ich hörte, das Pentagon habe »body bags« [Leichensäcke] in »transfer tubes« [Überführungsröhren] umbenannt.

Ich hörte einen tränenreichen George Bush sen. beim Jahreskongress der *National Petrochemical and Refiners Association* sagen, es sei »zutiefst empörend und niederträchtig«, wie die »Eliten und Intellektuellen das Säen der Saat der Grundfreiheiten in diesem geplagten Teil der Welt« abtäten. Ich hörte ihn sagen: »Das ist um einiges schmerzlicher, wenn der eigene Sohn kritisiert wird.«

Ich hörte die Mutter des Präsidenten sagen: »Warum sollen wir von Leichensäcken und Todesopfern hören? Warum soll ich meinen schönen Verstand an so etwas verschwenden?«

Ich hörte, 7 Prozent aller amerikanischen militärischen Todesfälle im Irak seien Suizide, 10 Prozent der Soldaten, die zum Armeekrankenhaus in Landstuhl ausgeflogen wurden, seien wegen »psychiatrischer oder verhaltensauffälliger Symptome« eingewiesen worden, und 20 Prozent aller Armeeangehörigen würden einmal an posttraumatischen Belastungsstörungen leiden.

Ich hörte Brigadegeneral Kimmitt bestreiten, Zivilisten würden getötet: »Unsere Operationen sind äußerst präzise.«

Ich hörte Donald Rumsfeld sagen, die Kämpfe seien nur das Werk von »Schlägern, Banden und Terroristen«. Ich hörte General Richard Myers sagen: »Das ist keine schiitische Erhebung. Moktada al-Sadr hat sehr wenige Anhänger.« Ich hörte, ein ungenannter »Mitarbeiter des Geheimdienstes« habe gesagt: »Der Hass auf die amerikanische Besatzung hat sich unter den Schiiten rasch verbreitet und ist jetzt so groß, dass Mr Sadr und seine Streitkräfte nur ein Element darstellen. Die Zerschlagung seiner Mahdi-Armee könnte nur gelingen, wenn man Sadr City zerstört.« Sadr City ist der bevölkerungsreichste Stadtteil Bagdads. Ich hörte, unter den Sunniten hätten sich sunnitische Stammesführer ehemaligen Vorsitzenden der Baath-Partei und Saddam-Loyalisten angeschlossen.

Ich hörte, im Land gebe es jetzt dreißig eigenständige Milizen. Ich hörte, die Reporter der Fernsehnachrichten bezeichneten sie routinemäßig als »antiirakische Kräfte«.

Ich hörte, Paul Bremer habe eine beliebte Zeitung, *Al Hazwa*, wegen »unkorrekter Berichterstattung« geschlossen.

In einer Schlange aus Schiiten, die zum Blutspenden für Sunniten in Falludscha anstanden, hörte ich einen Mann sagen: »Wir sollten Paul Bremer dankbar sein. Er hat den Irak endlich vereint – gegen ihn.«

Ich hörte den Präsidenten sagen: »Ich wäre auch nicht glücklich, wenn ich besetzt wäre.«

*

Ich hörte Tony Blair sagen: »Bevor die Leute über das Fehlen von Massenvernichtungswaffen jubeln, sollten sie vielleicht noch ein wenig warten.«

Ich hörte General Myers sagen: »Mit der Zeit und bei der Zahl von Gefangenen, die wir jetzt verhören, bin ich zuversichtlich, dass wir Massenvernichtungswaffen finden werden.«

Ich hörte den Präsidenten sagen: »Es werden Gefangene gemacht und Informationen gesammelt. Unsere entschlossenen Aktionen werden weitergehen, bis wir mit diesen Feinden der Demokratie fertig sind.«

Ich hörte einen Soldaten eine, wie sie es nannten, »bitch in a box« [Luder in der Kiste] beschreiben: »Das machten sie normalerweise, wenn sie einen Gefangenen mürbe machen wollten: Man steckt ihn in den Kofferraum und fährt eine Weile mit ihm rum. Die Kapuzen verstehe ich noch, und dass man ihnen mit den Plastikdingern die Hände fesselte – das hab ich auch noch eingesehen. Aber das mit dem Kofferraum – das fand ich doch ein bisschen ungewöhnlich. Mal ehrlich, das war wie ein Brutkasten. Im Irak, im August, bei brutalen 50 Grad, da können Sie sich vorstellen, wie es im Kofferraum eines schwarzen Mercedes ist.«

Ich hörte einen Nationalgardisten aus Florida sagen: »Wir hatten einen Vorschlaghammer, mit dem schlugen wir gegen die Wand, und das machte ein Echo, das wie eine Explosion klingt, und davon kriegten sie eine Wahnsinnsangst. Wenn das nichts half, luden wir eine 9-mm-Pistole und taten so, als wollten wir sie dicht an ihren Köpfen abfeuern, sie sollten denken, dass wir sie erschießen. Danach machten sie im Grunde alles, was man von ihnen wollte. So wie wir diese Männer behandelten, war es sogar für die Soldaten hart, erst recht, als klar war, dass viele dieser ›Kombattanten‹ bloß Schäfer waren.«

Ich hörte einen Marinesoldaten in Camp Whitehorse sagen: »Die 50/10-Technik wurde eingesetzt, um EPW zu brechen und es dem HET-Mann zu erleichtern, Informationen aus ihnen herauszubekommen.« Bei der 50/10-Technik mussten die Gefangenen zehn Stunden lang fünfzig Minuten pro Stunde mit einer Kapuze überm Kopf in der Hitze stehen. EPW waren »enemy prisoners of war« [feindliche Kriegsgefangene], HET waren »human exploitation teams« [menschliche Auswertungsteams].

Ich hörte Hauptmann Donald Reese, einen Gefängniswärter, sagen: »Es war nicht ungewöhnlich, Leute ohne Kleidung zu sehen. Man sagte mir, diese ›ganze Sache mit der Nacktheit‹ sei eine Verhörtechnik der militärischen Geheimdienste, da habe ich mir keine weiteren Gedanken gemacht.«

Ich hörte Donald Rumsfeld sagen: »Ich habe bislang nichts gesehen, das darauf hindeutet, dass die misshandelten Menschen im Verlauf eines Verhörs oder zu Verhörzwecken misshandelt wurden.«

Ich hörte die Gefreite Lynndie England sagen, die in Abu Ghraib fotografiert wurde, wie sie einen Gefangenen an der Leine hielt, und auch, wie sie lächelnd auf die Genitalien eines anderen zeigte, der nackt und mit einer Kapuze verhüllt war: »Ich wurde von Personen mit höherem Dienstgrad angewiesen, mich da hin zu stellen, die Leine zu halten und in die Kamera zu schauen, und dann haben sie Bilder für PsyOps [Psychologische Operationen] gemacht. Also, ich wollte eigentlich auf gar keinen Bildern sein. Ich fand das irgendwie komisch.«

Die Häftlinge 27, 30 und 31 wurden ausgezogen, nackt mit Handschellen aneinander gefesselt, auf den Boden gelegt und gezwungen, sich übereinander zu legen und Sex zu simulieren, was dann fotografiert wurde. Häftling 8 warf man sein Essen in die Toilette und zwang ihn dann, es zu essen. Häftling 7 wurde befohlen, wie ein Hund zu bellen, während Militärpolizisten (MPs) ihn bespuckten und auf ihn urinierten; er wurde mit einem Polizeiknüppel anal penetriert, wobei zwei weibliche MPs zusahen. Häftling 3 wurde von einer Soldatin mit einem Besen anal penetriert. Häftling 15 wurde fotografiert, wie er auf einer Kiste stand, eine Kapuze über dem Kopf und mit simulierten Elektrokabeln an Händen und Penis. Häftlinge 1, 16, 17, 18, 23, 24 und 26 wurden aufeinander gelegt und gezwungen zu masturbieren, was fotografiert wurde. Ein ungenannter Häftling wurde mit Fäkalien beschmiert und mit einer Banane im Anus fotografiert. Häftling 5 sah zu, wie Zivilist 1 einen unbekannten 15-jährigen Häftling vergewaltigte, was eine Soldatin fotografierte. Die Häftlinge 5 und 7 wurden ausgezogen und gezwungen, Frauenunterwäsche auf dem Kopf zu tragen. Häftling 28, in einer Duschkabine, die Hände auf dem Rücken gefesselt, wurde für tot erklärt, nachdem ein MP ihm den Sandsack vom Kopf genommen und den Puls gefühlt hatte.

Ich hörte Donald Rumsfeld sagen: »Wenn man in Washington, D. C., ist, kann man nicht wissen, was in der Nachtschicht in einem der vielen Gefängnisse auf der ganzen Welt vor sich geht.«

★

Ich hörte, dass das Rote Kreuz sein Büro schließen musste, weil es zu gefährlich war. Ich hörte, dass General Electric
und Siemens ihre Büros schließen mussten. Ich hörte, dass
Ärzte ohne Grenzen gehen mussten und dass die Journalisten
kaum einmal das Hotel verließen. Ich hörte, dass die meisten Mitarbeiter der Vereinten Nationen gegangen sind, nachdem ihre Zentrale bombardiert worden war. Ich hörte, dass
die Lebensversicherungspolicen für die wenigen verbliebenen
westlichen Geschäftsleute 10.000 Dollar pro Woche kosten.

Ich hörte Tom Foley, den Direktor von Iraq Private-Sector De-
velopment, sagen: »Das Sicherheitsrisiko ist nicht so schlimm,
wie es im Fernsehen erscheint. Westliche Zivilisten sind an
sich kein Ziel. Das Risiko ist akzeptabel.«

Ich hörte Paul Bremers Sprecher sagen: »Wir haben vereinzel-
te Gebiete, in denen wir auf Probleme stoßen.«

Ich hörte, dass private Sicherheitsfirmen, da sie sich nicht
mehr auf Hilfe des Militärs verlassen können, sich zur größten Privatarmee der Welt mit eigenen Rettungsteams und
nachrichtendienstlichen Abteilungen zusammenschlossen. Ich
hörte, es gebe im Irak rund 20.000 Söldner, die jetzt »Privat-
unternehmer« heißen, bis zu 2.000 Dollar am Tag verdienen
und weder dem US-Militärrecht noch den irakischen Gesetz-
zen unterworfen sind.

Ich hörte, dass 50.000 irakische Zivilisten tot seien.

Ich hörte, dass an einem Tag, als eine Autobombe drei Amerikaner tötete, Paul Bremers letzte Amtshandlung als Leiter der Übergangsverwaltung war, ein Gesetz zu erlassen, wonach es verboten ist, mit nur einer Hand am Lenkrad zu fahren oder ohne Not zu hupen.

Ich hörte, dass die Arbeitslosenrate jetzt 70 Prozent betrage, dass weniger als 1 Prozent der Arbeiter mit dem Wiederaufbau beschäftigt sei und dass die USA nur 2 Prozent der vom Kongress gebilligten 18,4 Milliarden Dollar für den Wiederaufbau ausgegeben hätten. Ich hörte, dass eine offizielle Buchprüfung den Verbleib von 8,8 Milliarden Dollar irakischem Ölgeld, das die Übergangsverwaltung der Koalition irakischen Ministerien gegeben hatte, nicht klären konnte.

Ich hörte den Präsidenten sagen: »Unsere Koalition steht mit verantwortungsvollen irakischen Politikern zusammen, die eine wachsende Autorität in ihrem Land schaffen.«

Ich hörte, dass Ayad Allawi, einige Tage bevor er Premierminister wurde, eine Polizeiwache in Bagdad besuchte, wo sechs als Aufrührer Verdächtige mit verbundenen Augen und gefesselten Händen an einer Wand aufgereiht standen. Ich hörte, Allawi habe im Beisein von vier Amerikanern und einem Dutzend irakischer Polizisten eine Pistole gezogen und jedem Gefangenen in den Kopf geschossen. Ich hörte, er habe gesagt, so müsse man mit Aufrührern verfahren. Ich hörte, diese Geschichte stimme nicht, und dann hörte ich, selbst wenn sie nicht stimme, sei sie doch glaubhaft.

Am 28. Juni 2004 hörte ich den Vizepräsidenten bei der Einsetzung einer Übergangsregierung sagen: »Nach Jahrzehnten der Herrschaft eines brutalen Diktators wurde der Irak nun seinen rechtmäßigen Besitzern zurückgegeben, dem irakischen Volk.«

Der Militärbericht über einen normalen Tag, dem 22. Juli 2004, einem Tag, der für keine Schlagzeilen sorgte, lautete folgendermaßen: »Zwei Straßenbomben explodierten in verschiedenen Teilen Bagdads neben einem Lieferwagen und einem Mercedes, wobei vier Zivilisten getötet wurden. Ein Schütze in einem Toyota feuerte auf einen Polizeikontrollpunkt und entkam. Die Polizei verletzte drei Bewaffnete an einem Kontrollpunkt und verhaftete vier Männer, die des versuchten Mordes verdächtigt waren. Sieben weitere Straßenbomben explodierten in Bagdad, und zweimal wurden US-Truppen von Bewaffneten angegriffen. In Mossul entschärfte die Polizei eine Autobombe, und in Tell Afar überfielen Bewaffnete den westlichen Fahrer eines Kieslasters. In Mossul explodierten drei Straßenbomben, und einmal wurden US-Truppen mit Raketen angegriffen; ein weiterer bewaffneter Überfall auf US-Truppen ereignete sich in der Nähe von Tell Afar. In Tadschi stieß ein Zivilfahrzeug mit einem amerikanischen Militärfahrzeug zusammen, wobei sechs Zivilisten getötet und sieben weitere verletzt wurden. In Baydschi fuhr ein US-Fahrzeug auf eine Landmine. Im Krankenhaus Ad Dwar ermordeten Bewaffnete einen Zahnarzt. In Tadschi, Baquba, Baqua, Dschalula, Tikrit, Paliwoda, Balad, Samarra und Duluijeh gab es 17 Angriffe mit Straßenbomben auf US-Streitkräfte, dazu weitere Angriffe von Bewaffneten auf US-Truppen in Tikrit und Balad. Im Tigris wurde ein kopfloser Körper in einem orangefarbenen Overall gefunden, mutmaßlich die bulgarische Geisel Ivalyo Kepov. Luftwaffenstützpunkt Kirkuk angegriffen. Fünf Straßenbomben gegen US-Streitkräfte in Rutbah, Kalso und Ramadi. Bewaffnete griffen Amerikaner in Falludscha und Ramadi an. Der Polizeichef von Nadschaf wurde entführt. Zwei zivile Bauunternehmer wurden von Bewaffneten in Haswah angegriffen. Bei Kerbela und Hillah explodierten Straßenbomben. Bei Al Qurnah griffen Bewaffnete internationale Streitkräfte an.«

*

Ich hörte den Präsidenten sagen: »Man kann einen Feind ermutigen, wenn man sich uneindeutig ausdrückt. Man kann das irakische Volk entmutigen, wenn man sich uneindeutig ausdrückt. Deshalb werde ich weiterhin klar und entschlossen führen.«

Ich hörte den Präsidenten sagen: »Weil die Welt mit Mut und moralischer Klarheit gehandelt hat, nehmen heute irakische Athleten an den Olympischen Spielen teil.« Der Irak hatte auch schon vorher Mannschaften zur Olympiade geschickt. Und als der Präsident eine Anzeigenkampagne mit den Fahnen von Irak und Afghanistan und den Worten »Bei dieser Olympiade gibt es zwei freie Nationen mehr – und zwei Terrorregimes weniger« startete, hörte ich den irakischen Trainer sagen: »Der Irak als Mannschaft will nicht, dass Mr Bush uns für seinen Präsidentschaftswahlkampf benutzt. Er kann andere Wege finden, für sich zu werben.« Ich hörte ihren Mittelfeld-Star sagen, würde er nicht Fußball spielen, dann würde er beim Widerstand in Falludscha kämpfen: »Bush hat so viele Verbrechen begangen. Wie will er vor seinen Gott treten, nachdem er so viele Männer und Frauen abgeschlachtet hat?«

Ich hörte, wie ein ungenannter »hoher britischer Armeeoffizier« Anleihen bei den Nazis machte, um zu beschreiben, was er sah: »Meine Sicht und diejenige der britischen Befehlskette ist, dass der Gebrauch von Gewalt durch die Amerikaner unverhältnismäßig und ihre Reaktion auf die Bedrohung, der sie ausgesetzt sind, übertrieben ist. Sie sehen das irakische Volk nicht so wie wir. Sie betrachten sie als Untermenschen. Der Verlust an irakischem Leben interessiert sie nicht. Für sie ist der Irak ein Banditenland, in dem jeder es nur darauf abgesehen hat, sie umzubringen. Es klingt banal, aber die amerikanischen Truppen schießen tatsächlich zuerst und fragen dann.«

Ich hörte Makki al-Nazzal, einen Klinikleiter in Falludscha, in akzentfreiem Englisch sagen: »Siebenundvierzig Jahre lang war ich ein Idiot. Ich habe an die europäische und amerikanische Zivilisation geglaubt.«

Ich hörte Donald Rumsfeld sagen: »Wir haben nie angenommen, wir würden einfach über Massenvernichtungswaffen stolpern.«

Ich hörte Condoleezza Rice sagen: »Wir haben nie erwartet, wir würden Garagen aufmachen und sie finden.«

Ich hörte Donald Rumsfeld sagen: »Vielleicht hatten sie ja Zeit, sie zu vernichten, ich kenne die Antwort nicht.«

Ich hörte Richard Perle sagen: »Wir wissen nicht, wo wir danach suchen sollen, und wir haben nie gewusst, wo wir danach suchen sollen. Ich hoffe, es dauert weniger als 200 Jahre.«

★

Ich hörte den Präsidenten sagen: »Ich weiß, was ich tue, wenn es darum geht, diesen Krieg zu gewinnen.«

Ich hörte den Präsidenten sagen: »Ich bin ein Kriegspräsident.«

Ich hörte, 1.000 amerikanische Soldaten seien tot und 7.000 im Kampf verwundet worden. Ich hörte, dass es nun im Durchschnitt 87 Angriffe täglich auf US-Truppen gibt.

Ich hörte Condoleezza Rice sagen: »Nicht alles ist so gelaufen, wie wir es gern gehabt hätten.«

Ich hörte Colin Powell sagen: »Wir haben die Schwierigkeiten falsch eingeschätzt.«

Ich hörte einen ungenannten »hohen US-Diplomaten in Bagdad« sagen: »Wir haben es mit einer Bevölkerung zu tun, die zwischen bloßer Tolerierung und offener Feindseligkeit schwankt. Die Vorstellung von einer funktionierenden Demokratie ist Wahnsinn. Wir dachten, es gäbe eine Atempause nach der Souveränität, aber stattdessen bricht die Hölle los.«

Ich hörte Major Thomas Neemeyer sagen: »Die einzige Möglichkeit, den Aufstand aus den Köpfen zu stampfen, wäre, die ganze Bevölkerung umzubringen.«

Ich hörte den CNN-Reporter beim Grab von Imam Ali in Nadschaf, einer Stadt, die einmal 500.000 Einwohner zählte, sagen: »Alles außer der Moschee scheint dem Erdboden gleichgemacht zu sein.«

Ich hörte Khudeir Salman, der in Nadschaf von einem Eselskarren Eis verkaufte, sagen, er gebe auf, nachdem Marine-Scharfschützen seinen Freund getötet hätten, auch er Eisverkäufer: »Ich habe ihn heute Morgen gefunden. Der Scharfschütze hat auch seinen Esel erschossen. Sogar die Rettungswagenfahrer haben zu viel Angst, seine Leiche zu holen.«

Ich hörte den Vizepräsidenten sagen: »Ein solcher Feind kann nicht abgeschreckt werden, er kann nicht in Schach gehalten, nicht befriedet werden, und man kann mit ihm nicht verhandeln. Man kann ihn nur vernichten. Und genau darum geht es jetzt.«

Ich hörte einen ungenannten »hohen amerikanischen Kommandeur« sagen: »Wir brauchen eine Entscheidung darüber, wann der Krebs von Falludscha herausgeschnitten wird.«

Ich hörte Generalmajor John Batiste außerhalb von Samarra sagen: »Das wird ein kurzer Kampf werden, und der Feind wird schnell sterben. Die Botschaft an die Menschen von Samarra ist: Friedlich oder nicht, die Sache wird gelöst.«

Ich hörte Brigadegeneral Kimmitt sagen: »Unsere Geduld währt nicht ewig.«

Ich hörte den Präsidenten sagen: »Amerika lässt sich von einer Bande von Schlägern und Killern niemals aus dem Irak vertreiben.«

Ich hörte von der Hochzeitsgesellschaft, die von amerikanischen Flugzeugen angegriffen wurde, wobei 45 Menschen starben, darunter auch der Hochzeitsfotograf, der die Feier mit Video aufnahm, bis er selbst getötet wurde. Und obwohl das Band im Fernsehen gezeigt wurde, hörte ich Brigadegeneral Kimmitt sagen: »Es gab keine Hinweise auf eine Hochzeit. Vielleicht wurde ja etwas gefeiert. Auch böse Menschen feiern.«

Ich hörte einen Iraker sagen: »Ich schwöre, ich habe gesehen, wie Hunde die Leiche einer Frau fraßen.«

Ich hörte einen Iraker sagen: »Wir haben mindestens 700 Tote. So viele sind Frauen und Kinder. Der Gestank der Leichen in Teilen der Stadt ist unerträglich.«

Ich hörte Donald Rumsfeld sagen: »Der Tod hat die Neigung, einen deprimierenden Blick auf den Krieg zu fördern.«

★

Anlässlich Ayad Allawis Besuch in den Vereinigten Staaten hörte ich den Präsidenten sagen: »Wichtig für das amerikanische Volk ist es, die Realität zu sehen. Und die Realität steht hier in Gestalt des Premierministers.«

Nach ethnischen Spannungen gefragt, hörte ich Ayad Allawi sagen: »Es gibt keine Probleme zwischen Schiiten und Sunniten und Kurden und Arabern und Turkmenen. In der Regel haben wir keine Probleme ethnischer oder religiöser Natur.«

Ich hörte ihn sagen: »Da ist nichts, kein Problem, nur in dem kleinen Gebiet von Falludscha.«

Ich hörte Oberst Jerry Durant nach einem Treffen mit Stammesführern aus Ramadi sagen: »Viele von denen haben Geschichte studiert, und die sagen mir, die Regierung in Bagdad ist wie die Vichy-Regierung in Frankreich während des Zweiten Weltkriegs.«

Ich hörte einen Journalisten sagen: »Ich sitze zu Hause fest. Ich gehe nur raus, wenn ich dafür einen sehr guten Grund oder ein festgelegtes Interview habe. Ich vermeide es, andere zu besuchen, und bin nie zu Fuß auf der Straße. Ich kann nicht mehr einkaufen gehen, nicht im Restaurant essen, kein Gespräch mit Fremden führen, mich nicht nach Geschichten auf die Suche machen, nur noch in einem schwer gepanzerten Wagen fahren, kann nirgendwo hin, wo es was für die Nachrichten gibt, nicht im Stau stehen, draußen nicht Englisch sprechen, nicht sagen, dass ich Amerikaner bin, mich nicht an Kontrollpunkten aufhalten, mich nicht dafür interessieren, was die Leute sagen, tun, empfinden.«

Ich hörte Donald Rumsfeld sagen: »Das ist ein harter Teil der Welt. Bei uns wurden letztes Jahr in vielen Großstädten Amerikas 200, 300, 400 Menschen getötet. Wo ist der Unter-

schied? Wir haben eben nur nicht jeden Mord in jeder Groß-
stadt der Vereinigten Staaten jeden Abend im Fernsehen gesehen.«

Ich hörte, dass 80.000 Iraker tot seien. Ich hörte, dass der
Krieg schon 225 Milliarden Dollar gekostet habe und weiterhin 40 Milliarden Dollar im Monat koste. Ich hörte, dass es
nun durchschnittlich 130 Angriffe auf US-Truppen am Tag
gebe.

Ich hörte Hauptmann John Mountford sagen: »Ich frage mich
bloß, was passiert wäre, wenn wir ein bisschen enger mit den
Einheimischen zusammengearbeitet hätten.«

Ich hörte, dass die USA allein im vergangenen Jahr 127 Tonnen Munition mit abgereichertem Uran (*depleted Uranium*,
DU) im Irak verschossen haben, eine Valenz, die ungefähr
10.000 Nagasaki-Bomben entspricht. Ich hörte, man nehme
an, dass der verbreitete Gebrauch von DU im Ersten Golfkrieg die Hauptursache für die gesundheitlichen Probleme
bei den 580.400 Veteranen sei. 467 wurden in dem Krieg verwundet. Zehn Jahre später waren 11.000 tot und 325.000 ar-
beitsunfähig. Im Samen eingelagertes DU führte bei ihren
Frauen und Freundinnen zu einer hohen Rate von Endome-
triose, die oft die Entnahme der Gebärmutter nach sich zog.
Bei den Soldaten, die vor dem Krieg gesunde Kinder hatten,
kamen 67 Prozent ihrer nach dem Krieg geborenen Kinder
mit schweren Schäden zur Welt, darunter fehlenden Beinen,
Armen, Organen oder Augen.

Ich hörte, dass in al-Quagaa, einer der »sensibelsten Militär-einrichtungen« im Irak, die nach der Invasion nie bewacht worden war, 380 Tonnen HMX (Sprengstoff mit hohem Schmelzpunkt) und RDX (rasch detonierender Sprengstoff) vermisst wurden. Ich hörte, dass ein Pfund dieser Sprengstoffe genüge, um eine Boeing 747 in die Luft zu jagen, und dass dieses Waffenlager dazu benutzt werden könne, eine Million Sprengfallen herzustellen – Ursache für die Hälfte aller Opfer unter den US-Truppen.

Ich hörte Donald Rumsfeld sagen, als er gefragt wurde, warum die Truppen viel länger als ihre normale turnusmäßige Dienstzeit im Krieg bleiben müssten: »Ach, kommen Sie. Die Leute sind fungibel. Die kann man hier oder da haben.« »Fungibel« bedeutet »austauschbar«.

★

Ich hörte Oberst Gary Brandl sagen: »Der Feind hat ein Gesicht. Er heißt Satan. Er ist in Falludscha, und wir werden ihn vernichten.«

Ich hörte einen Marine-Kommandeur zu seinen Männern sagen: »Sie werden für Dinge verantwortlich gemacht, nicht wie sie im Nachhinein sind, sondern wie sie Ihnen zu dem Zeitpunkt erschienen. Wenn Sie im guten Glauben feuern, um sich und Ihre Männer zu schützen, handeln Sie richtig. Es macht nichts, wenn wir später herausfinden, dass Sie eine Familie unbewaffneter Zivilisten ausgelöscht haben.«

Ich hörte Oberstleutnant Mark Smith sagen: »Wir gehen dahin, wo die Bösen leben, und wir töten sie in ihrem Postbezirk.«

Ich hörte, dass 15.000 US-Soldaten in Falludscha einmarschierten, während Flugzeuge 500-Pfund-Bomben über »aufständischen Zielen« abwarfen. Ich hörte, sie zerstörten das Notfallkrankenhaus Nazzal im Stadtzentrum, wobei zwanzig Ärzte starben. Ich hörte, sie besetzten das Allgemeine Krankenhaus Falludscha, das die Militärs ein »Propagandazentrum« genannt hatten, weil es über zivile Opfer berichtete. Ich hörte, dass sie alle Mobiltelefone konfiszierten und den Ärzten und Ambulanzen verboten, den Verwundeten zu helfen. Ich hörte, sie bombardierten das Kraftwerk, um die Stadt zu verdunkeln, und dass das Wasser abgestellt wurde. Ich hörte, dass an jedem Haus und Geschäft ein großes rotes X auf die Tür gesprüht wurde als Zeichen, dass es schon durchsucht war.

Ich hörte Donald Rumsfeld sagen: »In dieser Stadt haben unschuldige Zivilisten jede nötige Anleitung, wie sie Schwierigkeiten vermeiden können. Es wird keine große Zahl Zivilisten getötet werden, schon gar nicht von US-Streitkräften.«

Ich hörte, dass es in dieser Stadt der 150 Moscheen keine Rufe zum Gebet mehr gebe.

Ich hörte Muhammad Aboud erzählen, wie er, außerstande, sein Haus zu verlassen, um ein Krankenhaus aufzusuchen, seinen neunjährigen Sohn habe verbluten sehen, und dass er, außerstande, sein Haus zu verlassen, um auf einen Friedhof zu gehen, seinen Sohn im Garten begraben habe.

Ich hörte den Arzt Sami al-Jumali sagen: »In Falludscha gibt es keinen einzigen Chirurgen. Gerade ist mir ein 13 Jahre altes Kind unter den Händen gestorben.«

Ich hörte einen amerikanischen Soldaten sagen: »Wir werden Herz und Verstand der Menschen von Falludscha gewinnen, indem wir die Stadt von den Aufständischen befreien. Das tun wir, indem wir die Straßen patrouillieren und den Feind töten.«

Ich hörte einen amerikanischen Soldaten, einen Bradley-Schützen, sagen: »Im Grunde suchte ich nach sauberen Wänden, also ohne Löcher drin. Und dann machten wir da Löcher rein.«

Ich hörte Farhan Saleh sagen: »Meine Kinder sind hysterisch vor Angst. Sie sind von dem Geräusch traumatisiert, aber man kann sie ja nirgends hinbringen.«

Ich hörte, dass die US-Truppen Frauen und Kindern gestatteten, die Stadt zu verlassen, dass aber alle »Männer im wehrpflichtigen Alter«, also von 15 bis 60, bleiben müssten. Ich hörte, dass weder Nahrungsmittel noch Medikamente in die Stadt gelassen würden.

Ich hörte das Rote Kreuz sagen, dass mindestens 800 Zivilisten umgekommen seien. Ich hörte Ayad Allawi sagen, dass es in Falludscha keine zivilen Opfer gebe.

Ich hörte einen Mann namens Abu Sabah sagen: »Die werfen so komische Bomben ab, von denen Rauch wie ein Atompilz aufsteigt. Dann fallen kleine Stückchen mit langen Rauchfahnen aus der Luft.« Ich hörte ihn sagen, dass bei der Explosion von Teilen dieser Bomben große Feuer entstanden, die die Haut verbrannten, selbst wenn man Wasser darauf schüttete. Ich hörte ihn sagen: »Daran litten die Leute so sehr.«

Ich hörte Kassem Muhammad Ahmed sagen: »Ich habe gesehen, wie sie Verwundete auf der Straße mit dem Panzer überrollten. Das ist sehr oft passiert.«

Ich hörte einen Mann namens Khalil sagen: »Sie haben Frauen und Männer auf der Straße erschossen. Dann haben sie alle erschossen, die ihre Leichen holen wollten.«

Ich hörte Nihida Kadhim, eine Hausfrau, sagen, als sie schließlich wieder in ihr Haus durfte, habe sie eine Botschaft mit Lippenstift auf ihrem Wohnzimmerspiegel gesehen: »FUCK IRAQ AND EVERY IRAQI IN IT.«

Ich hörte General John Sattler sagen, die Zerstörung Falludschas habe »dem Aufstand das Rückgrat gebrochen«.

Ich hörte, drei Viertel von Falludscha seien in Schutt und Asche gelegt. Ich hörte einen amerikanischen Soldaten sagen: »Ist schon irgendwie schlimm, dass wir alles zerstört haben, aber wenigstens haben wir ihnen die Gelegenheit zu einem Neuanfang gegeben.«

Ich hörte, dass nur fünf Straßen nach Falludscha geöffnet blieben. Alle anderen würden mit »Sandwällen«, also Erdbergen, abgesperrt. An den Zugangsstellen werde jeder fotografiert, jedem würden Fingerabdrücke genommen und die Iris gescannt, bevor er einen Ausweis bekomme. Alle Bürger müssten den Ausweis jederzeit gut sichtbar tragen. Keine Privatautos – die Fahrzeuge für Selbstmordanschläge – seien in der Stadt gestattet. Alle Männer würden zu »Arbeitsbrigaden« zusammengestellt, um die Stadt wieder aufzubauen. Sie würden bezahlt, aber die Teilnahme sei Pflicht.

Ich hörte Muhammad Kubaissy, ein Ladenbesitzer, sagen: »Ich suche noch immer nach dem, was sie Demokratie nennen.«

Ich hörte einen Soldaten sagen, er habe mit seinem Priester über das Töten von Irakern gesprochen und dass der Priester ihm gesagt habe, es sei in Ordnung, für seine Regierung zu töten, solange er keinen Gefallen daran finde. Nachdem er mindestens vier Männer getötet hatte, hörte ich den Soldaten sagen, er habe zunehmend Zweifel: »Verdammt, wo hat Jesus gesagt, es ist in Ordnung, für die Regierung Leute zu töten?«

★

Ich hörte Donald Rumsfeld sagen: »Ich glaube nicht, dass jemand in der Regierung, den ich kenne, gesagt hat, der Irak habe Atomwaffen.«

Ich hörte Donald Rumsfeld sagen: »Die Koalition hat im Irak nicht gehandelt, weil wir dramatische neue Beweise dafür entdeckt hätten, dass der Irak Massenvernichtungswaffen anstrebt. Wir haben gehandelt, weil wir den Beweis in einem dramatischen neuen Licht sahen, durch das Prisma unserer Erfahrung des 11. September.«

Ich hörte einen Reporter Donald Rumsfeld fragen: »Vor dem Irakkrieg haben Sie Ihre Sache sehr eloquent vorgetragen, und Sie sagten, sie würden uns mit offenen Armen empfangen.« Und ich hörte, wie Rumsfeld ihn unterbrach: »Hab ich nie gesagt. Niemals. Sie mögen sich wohl daran erinnern, aber dabei denken Sie an jemand anderes. Sie werden nirgendwo finden, dass ich etwas wie das, was Sie gerade von mir behauptet haben, gesagt habe.«

Ich hörte Ahmad Chalabi, der die meisten Informationen über die Massenvernichtungswaffen geliefert hatte, achselzuckend sagen: »Wir sind irrende Helden. (...) Was vorher gesagt wurde, ist nicht wichtig.«

Ich hörte Paul Wolfowitz sagen: »Aus bürokratischen Gründen nannten wir als Rechtfertigung für den Einmarsch im Irak ein Problem, nämlich Massenvernichtungswaffen, weil das der einzige Grund war, auf den sich alle einigen konnten.«

Ich hörte Condoleezza Rice weiterhin beharren: »Es ist nicht so, dass jemand glaubt, Saddam Hussein besitze keine Massenvernichtungswaffen.«

Ich hörte, das mit dem »Yellowcake«-Uran aus dem Niger sei eine Ente gewesen, die Aluminiumröhren könnten nicht für Nuklearwaffen verwendet werden, die mobilen biologischen

Labors stellten Helium für Wetterballone her, die Flotte unbemannter »Drohnen« sei ein einziges kaputtes übergroßes
Modellflugzeug, Saddam habe keine ausgeklügelten unter-
irdischen Bunker gehabt, Colin Powells Hauptquelle, seine
»fundierte Information« für die Beweise, die er bei den Vereinten Nationen vorlegte, sei ein Aufsatz gewesen, der zehn
Jahre zuvor von einem Studenten geschrieben worden sei. Ich
hörte, von den 400.000 Leichen, die in Massengräbern ver-
scharrt gewesen sein sollen, seien nur 5.000 gefunden worden.

Ich hörte Generalleutnant James Conway sagen: »Es hat mich
vorher überrascht, und es überrascht mich jetzt, dass wir keine Waffen entdeckt haben. Dabei haben wir es doch versucht.«

Ich hörte einen Reporter Donald Rumsfeld fragen: »Wenn
der Irak keine Massenvernichtungswaffen hatte, warum stellte er dann eine unmittelbare Bedrohung für unser Land dar?«
Ich hörte Rumsfelds Antwort: »Sie und einige andere Kritiker
sind die Einzigen, die ich die Wendung ›unmittelbare Bedrohung‹ je habe gebrauchen hören. Das ist zu einer Art Folklore
geworden, dass das passiert sein soll. Wenn Sie Zitate haben,
würde ich sie gern sehen.« Und ich hörte den Reporter lesen: »Keine terroristische Bedrohung stellt eine größere oder
unmittelbarere Bedrohung für die Sicherheit unseres Volkes
dar.« Rumsfeld antwortete: »Es … meine Sicht der … der
Lage war, dass er … dass er … wir … wir glauben, die besten
Informationen, die wir hatten und andere Länder hatten, und
dass … dass wir glaubten und wir noch immer nicht wissen …
wir werden es wissen.«

Ich hörte Sa'adoon al-Zubaydi, einen Dolmetscher, der im Präsidentenpalast lebte, sagen: »Wenigstens die letzten drei Jahre hatte Saddam Hussein die tagtägliche Führung seines Regimes satt. Er konnte es nicht mehr ertragen: Sitzungen, Kommissionen, Berichte, Anrufe. Also zog er sich zurück. (...) Allein, isoliert, weg von allem. Er zog es vor, sich in seinem Büro einzuschließen und Romane zu schreiben.«

*

Ich hörte den Präsidenten sagen, der Irak sei ein »katastrophaler Erfolg«.

Ich hörte Donald Rumsfeld sagen: »In der ganzen Zeit seit dem Ende der größeren Kampfoperationen haben sie keine einzige Schlacht gewonnen.«

Ich hörte, Hunderte von Schulen seien vollständig zerstört und Tausende geplündert und dass die meisten Menschen es zu gefährlich fänden, ihre Kinder in die Schule zu schicken. Ich hörte, es gebe kein Bankensystem. Ich hörte, in den Städten gebe es nur zehn Stunden Strom am Tag, und nur 60 Prozent der Menschen hätten Trinkwasser. Ich hörte, die Unterernährung der Kinder sei jetzt viel schlimmer als in Uganda oder Haiti. Ich hörte, keines der 300.000 nach dem Ausbruch des Krieges geborenen Kinder habe eine Schutzimpfung erhalten.

Ich hörte General Muhammad Abdullah Shahwani, den Chef des irakischen Geheimdienstes, sagen, es gebe jetzt 200.000 aktive Kämpfer im Widerstand.

Ich hörte Donald Rumsfeld sagen: »Ich finde nicht, dass es unsere Aufgabe ist, dieses Land wieder aufzubauen. Das irakische Volk wird dieses Land über längere Zeit selbst aufbauen müssen.« Ich hörte ihn sagen, überhaupt »ist die Infrastruktur des Landes keineswegs schlimm vom Krieg zerstört worden«.

Ich hörte, der amerikanische Botschafter John Negroponte habe darum gebeten, die 3,37 Milliarden Dollar, die für Wasser-, Abwasser- und Elektrizitätsprojekte vorgesehen waren, auf Sicherheit und Ölförderung umzuleiten.

Ich hörte, dass die Reporter von Al Jazeera dauerhaft ausgeschlossen seien. Ich hörte Donald Rumsfeld sagen: »Was Al Jazeera macht, ist böswillig, fehlerhaft und unentschuldbar.«

Ich hörte, dass Spanien die Koalition der Willigen verließ. Ungarn ebenso, auch die Dominikanische Republik, auch Nicaragua, auch Honduras. Ich hörte, dass die Philippinen sie schon früh verlassen hatten, nachdem ein philippinischer Lastwagenfahrer entführt und hingerichtet worden war. Norwegen verließ sie. Portugal, Singapur und Tonga verließen sie. Polen, die Ukraine und die Niederlande sagten, sie hätten die Absicht dazu. Thailand sagte das Gleiche. Bulgarien reduzierte seine wenigen hundert Mann. Moldavien reduzierte seine Streitkräfte erst von 42 auf 12 und verließ die Koalition dann ganz.

Ich hörte, der Präsident habe einmal gesagt: »In zwei Jahren halten vielleicht nur noch die Briten zu uns. Irgendwann sind wir vielleicht noch die Einzigen. Ist mir recht. Wir sind Amerika.«

Ich hörte einen Reporter Generalleutnant Jay Garner fragen, wie lange die Truppen im Irak blieben, und ich hörte ihn antworten: »Ich hoffe, sie sind noch lange da.«

Ich hörte General Tommy Franks sagen: »Man muss über die Zahlen nachdenken. Ich glaube, wir werden mit unseren Streitkräften im Irak vielleicht noch drei, fünf, vielleicht zehn Jahre präsent sein.«

Ich hörte, das Pentagon prüfe jetzt die sogenannte »Salvador-Option«, der als Vorlage die Todesschwadronen in El Salvador in den achtziger Jahren dienten, als John Negroponte Botschafter in Honduras war und Elliot Abrams, heute Präsidentenberater für den Mittleren Osten, das Massaker von El Mazote »nichts als kommunistische Propaganda« nannte. Diesem Plan zufolge würden die USA paramilitärische Truppen beraten, ausbilden und unterstützen; sie sollten Attentate und Geiselnahmen durchführen, aber auch geheime Operationen auf syrischem Gebiet. In der Wahldebatte der Vizepräsidenten hörte ich den Vizepräsidenten sagen: »Vor zwanzig Jahren hatten wir in El Salvador eine ähnliche Situation. Da gab es eine eine Revolte von Guerillas, die ungefähr ein Drittel des Landes kontrollierten. (...) Heute steht El Salvador reichlich besser da«.

Ich hörte, 100.000 irakische Zivilisten seien tot. Ich hörte, es gebe jetzt durchschnittlich 150 Angriffe auf US-Soldaten täglich. Ich hörte, in Bagdad würden jeden Monat 700 Menschen bei kriminellen Handlungen »ohne Kriegsbezug« getötet. Ich hörte, 1.400 amerikanische Soldaten seien getötet worden, und die wahre Zahl der Opfer liege bei ungefähr 25.000.

Ich hörte, Donald Rumsfeld lasse seine Beileidsbriefe an die Familien getöteter Soldaten von einer Maschine unterschreiben. Als das einen kleinen Skandal auslöste, hörte ich ihn sagen: »Ich habe angewiesen, dass ich künftig jeden Brief selbst unterschreibe.«

Ich hörte den Präsidenten sagen: »Die Glaubwürdigkeit der Vereinigten Staaten beruht auf unserem innigen Wunsch, die Welt friedlicher zu machen, und jetzt ist die Welt friedlicher.«

Ich hörte den Präsidenten sagen: »Ich möchte der Friedenspräsident sein. Die kommenden vier Jahre werden friedliche Jahre sein.«

Ich hörte Justizminister John Ashcroft am Tag seines Rücktritts sagen: »Das Ziel, die Sicherheit der Amerikaner vor Verbrechen und Terror zu gewährleisten, ist erreicht worden.«

Ich hörte den Präsidenten sagen: »Eine Zeitlang marschierten wir in den Krieg. Jetzt marschieren wir zum Frieden.«

Ich hörte, das amerikanische Militär habe zur Verwendung im kommenden Jahr 1.500.000.000 Patronen gekauft. Das sind 58 für jeden Erwachsenen und jedes Kind im Irak.

Ich hörte, Saddam Hussein verbringe seine Zeit in der Einzelhaft damit, Gedichte zu schreiben, im Koran zu lesen, Kekse und Muffins zu essen und sich um ein paar Büsche und Sträucher zu kümmern. Ich hörte, er habe einen Kreis aus weißen Steinen um einen kleinen Pflaumenbaum gelegt.

12. Januar 2005

Trumps Amerika

Wen sie hätten
nehmen können ...

Letzten Januar twitterte der unaussprechliche Reince Priebus, der Vorsitzende des *Republican National Committee*, nach einem Blick auf die Schar der Präsidentschaftskandidaten: »Es ist klar, dass wir das qualifizierteste und vielfältigste Kandidatenfeld aller Parteien in der Geschichte haben.« Warum, so fragt sich die Welt, wurde dann am Ende Donald Trump ihr Kandidat?

Die Wähler hätten auch Rick Santorum nehmen können, den ehemaligen Senator aus Pennsylvania, einst der drittwichtigste Republikaner im Senat und mit vier Millionen Stimmen nach Mitt Romney Zweiter bei den Primaries 2012. Santorum ist nicht nur gegen Abtreibung, sondern überhaupt gegen alle Formen der Empfängnisverhütung, selbst unter Eheleuten. (»Das ist ein Freibrief dafür, im sexuellen Bereich Dinge zu tun, die der Norm zuwiderlaufen.«) Er hat gesagt, ein durch Vergewaltigung empfangenes Kind sei ein »Geschenk Gottes«, und verglich Homosexualität mit »Mann-mit-Hund«-Sex. Er unterschrieb eine Versicherung der religiösen Gruppierung *Family Leader*, die Afroamerikaner hätten während der Sklaverei ein besseres Leben gehabt. Er hat behauptet, die »amerikanische Linke hasst das Christentum«, die Trennung von Kirche und Staat sei eine kommunistische Idee, der »radikale

Feminismus« habe die Frauen auf die Idee gebracht, es sei
»gesellschaftlich förderlich«, »außer Haus zu arbeiten«, und
Schulen in Massachusetts hätten Kinderbücher mit hetero-
sexuellen Eltern darin verboten. Seine Frau unterrichtet ihre
sieben Kinder zu Hause, und er glaubt, dass Erziehung in der
Verantwortung der Eltern liege, nicht in der von »Regierungs-
arbeitern«, auch bekannt als Lehrer. Als Obama einen Plan
vorlegte, nach dem die Universitäten erschwinglicher werden
sollten, meinte er: »Präsident Obama will, dass jeder in Amerika aufs College soll. So ein Snob!«

Die Wähler hätten Rick Perry nehmen können, den ehemaligen Gouverneur von Texas, dessen privates Jagdcamp »Nig-
gerhead« hieß. Er ist der Verfasser von *On My Honor: Why the
American Values of the Boy Scouts Are Worth Fighting For* und *Fed
Up! Our Fight to Save America from Washington.*[†] Er hat gesagt,
dass »mit diesem Land etwas nicht stimmt, wenn Schwule
offen Militärdienst leisten können, unsere Kinder aber nicht
offen Weihnachten feiern oder in der Schule beten können«.
Die *American Cowboy Culture Association* hat Perry ihren »Top
Cowboy of Texas«-Preis verliehen. Er trägt Stiefel, in die das
Wort »Liberty« eingestanzt ist, und prahlt damit, beim Jog-
gen einen Kojoten erschossen zu haben, als der seinen Hund
belästigte. (In Texas joggt man offenbar bewaffnet.) Wie er
sagte: »Ich halte freudig an meinen Waffen und an meinem
Gott fest, selbst wenn Präsident Obama das in seinem elitä-

---

† Bei meiner Ehre: Warum es sich lohnt, für die amerikanischen
Werte der Pfadfinder zu kämpfen; Es reicht! Unser Kampf um
die Rettung Amerikas vor Washington.

ren Herzen einfältig findet.« 2012 lag er eine Zeitlang in den Umfragen in Führung, brach aber ein, als er in einer Debatte versprach, drei hohe Regierungsbehörden aufzulösen, ihm die dritte aber nicht mehr einfiel. Ständig brachte er Fakten durcheinander (das Wahlalter, das Jahrhundert, in dem die USA unabhängig wurden, wo Juárez, Mexiko, liegt), und dieses Mal ließen sich die Gerüchte, er sei, so ein republikanischer Gouverneur anonym, »wie George W. Bush, nur ohne Grips«, leider nicht mehr zerstreuen. Auf die Frage, wie alt die Erde sei – ein Lackmustest für Kreationisten –, sagte Perry, er habe »keine Ahnung«: »Ich weiß, sie ist ganz schön alt. Es gibt sie also schon sehr, sehr lange.«

Sie hätten Bobby Jindal nehmen können, den ehemaligen Gouverneur von Louisiana, der seinen Staat in den Bankrott führte, indem er die Steuern für die Reichen drastisch senkte – nachdem er erfolglos versucht hatte, sämtliche Steuern für Privatpersonen und Unternehmen zu streichen. Als Piyush Jindal und Hindu geboren, konvertierte er zum Katholizismus und benannte sich nach einer Figur aus der Fernsehkomödie *The Brady Bunch* aus den siebziger Jahren um. Der Absolvent der Brown University und Rhodes-Stipendiat kürzte die staatliche Unterstützung für Studenten um 80 Prozent und führte ein Gesetz ein, das die kreationistische Lehre in den Naturwissenschaften zuließ. Obwohl Louisiana einer der ärmsten Staaten ist, hielt Jindal an seiner Ablehnung Washingtons fest und verweigerte Hunderte Millionen Dollar an Bundeszuschüssen für Gesundheitsfürsorge, Sozialhilfe und Bildung. Seiner Überzeugung nach steckt Amerika mitten in einem »lautlosen Krieg« zwischen Christen und der Linken, doch sein Eintreten für »Religionsfreiheit« – beispielsweise das Recht eines Geschäftsinhabers, ein schwules Paar nicht bedienen zu müssen – erstreckt sich nicht auf Muslime, die er überwachen lassen und reglementieren würde. Er hat behauptet, in Teilen Europas gelte die Scharia, es gebe »No-go-Zonen«, in die sich die Polizei nicht traue und wo Frauen Schleier tragen müssten, konnte in einem Fernsehinterview aber keine Beispiele dafür nennen.

Sie hätten Carly Fiorina nehmen können, die einzige Frau im Rennen, die wie auch Donald Trump meinte, wir bräuchten als Staatschef keinen Politiker, sondern jemanden aus der Wirtschaft. Unter ihrer Führung als CEO von Hewlett-Packard verloren 30.000 amerikanische Angestellte ihre Arbeit, häufte das Unternehmen einen Schuldenberg an und erzielte keine Gewinne, und sein Aktienwert sank um 50 Prozent. Sie wurde gefeuert. Danach bewarb sie sich in Kalifornien erfolglos als Senatorin, wobei sie vor allem damit auffiel, dass sie den Fernsehwerbespot »demon sheep« (»dämonische Schafe«) produzierte, der noch heute als einer der bizarrsten Wahlkampfspots aller Zeiten gern angeschaut wird. Sie glaubt, dass die Sorge um den Klimawandel der um das Wetter vergleichbar sei. Einmal lag sie in den Umfragen vor Hillary Clinton, schädlich aber dürfte ihr Beharren gewesen sein, sie habe einen Film gesehen, in dem Mitglieder von Planned Parenthood darüber sprechen, Organe von Föten zu verkaufen: »Ich fordere Hillary Clinton und Barack Obama auf, sich diese Bänder anzusehen. Sehen Sie sich einen voll entwickelten Fötus auf einem Tisch an, sein Herz schlägt, er strampelt mit den Beinen, und jemand sagt, wir müssen ihn am Leben halten, um an sein Gehirn zu kommen.« Leider konnten nicht einmal die aggressivsten Anti-Abtreibungsgruppen dieses Band beibringen. Trump sagte in seiner typischen Art über sie: »Seht euch das Gesicht an! Soll das denn jemand wählen? Könnt ihr euch vorstellen, dieses Gesicht als unser nächster Präsident?! Gut, sie ist eine Frau, und ich soll ja nichts Schlechtes sagen, aber mal ehrlich, was soll das? Ist das unser Ernst?« Ted Cruz, der die Nominierung schon verloren hatte, benannte sie aus unerfindlichen Gründen als seine Kandidatin für die Vizepräsidentschaft.

Sie hätten Dr. Rand Paul nehmen können, Augenarzt, frisch gebackener Senator aus Kentucky und Sohn des ultralibertären Ron Paul. (Entgegen anderslautenden Gerüchten ist er nicht nach Ayn Rand benannt.) Paul ist gegen die »Einmischung« der Regierung in alles (Waffenkontrolle, Gesundheitsfürsorge, Unterstützung für die Armen, Bürgerrechte, Umwelt usw.), ausgenommen Abtreibung. In seinem ersten Jahr im Senat brachte er eine Gesetzesvorlage ein, wonach der Staatshaushalt um 500 Milliarden Dollar gekürzt und die meisten Regulierungs- oder Sozialbehörden aufgelöst oder drastisch verkleinert werden sollten. Als Isolationist ist er gegen Auslandshilfe und militärische Interventionen im Ausland, und als solcher war er in den Debatten neben Trump der einzige Republikaner, der die Invasionen im Irak und in Afghanistan kritisierte; als Liberalist war er der Einzige, der die Massenüberwachung durch die Regierung unter dem Deckmantel des »Anti-Terrorismus« verurteilte. Er befürwortet eine Umbildung der Republikanischen Partei: »Erinnern Sie sich noch, wie Domino's schließlich zugab, dass ihre Kruste nichts taugt? Sie haben die alte Kruste abgeschafft und eine bessere Pizza gemacht. Ich bin sehr dafür, die alte Kruste der Republikanischen Partei abzuschaffen.« Dr. Paul ist gegen die Impfpflicht für Kinder.

Sie hätten George Pataki nehmen können, den längst vergessenen ehemaligen Gouverneur von New York, der für einen Augenblick aus dem Nichts auftauchte und gleich wieder verschwand. Sie hätten einen namens Jim Gilmore nehmen können, aber wer das war, wusste niemand. Sie hätten Scott Walker nehmen können, den Gouverneur von Wisconsin, der immerzu behauptete, er sei der Sohn eines Predigers, nie auf dem College gewesen und wäre hart gegen den IS, weil er einmal der örtlichen Lehrergewerkschaft die Stirn geboten habe, als er den Bildungsetat seines Staates zusammenstrich. (Die Twittersphäre stellte dazu gern Fotos von Krummsäbel schwingenden vermummten Scharfrichtern neben Grauköpfe in Turnschuhen mit Demoplakaten.) Sie hätten Chris Christie nehmen können, Gouverneur von New Jersey und oft als der Tony Soprano der amerikanischen Politik bezeichnet – was unfair war: Tony war effizienter –, bekannt für seinen eindrucksvollen Leibesumfang (trotz Magenband), seine Rachsucht seinen Feinden gegenüber, gesetzgeberische Großzügigkeit seinen Unterstützern gegenüber und seine rüpeligen Beleidigungen im Wahlkampf. Wie die anderen Kandidaten ist Christie gegen die Aufnahme syrischer Flüchtlinge, doch in seinem vielleicht aufschlussreichsten Moment sagte er auch, dass er selbst kleinen Waisenkindern die Einreise verweigern würde. (Nach seinem Ausscheiden wurde Christie seltsamerweise zu Trumps Pudel beziehungsweise Bernhardi-

134

ner, der in einer Ecke des Fernsehbildschirms vor sich hin-
starrte, wenn Trump dozierte.)

Sie hätten den armen Jeb Bush nehmen können: den Bruder, Sohn und mutmaßlichen Kandidaten als Thronfolger.
Den armen Jeb, der anfangs mehr Geld sammelte und aus-
gab als die anderen Kandidaten zusammen. Den armen Jeb,
dessen Auftreten bei den TV-Debatten jemand mal mit dem
eines verzweifelten Hilfslehrers vor einer Klasse ungebärdiger
Schüler verglichen hat. Den armen Jeb, der sich, gekränkt von
Trumps Spitznamen für ihn, »Low Energy«, auf Wahlplaka-
ten und -broschüren in »Jeb!« umbenannte. Jeb!, der meinte, die Programme der nationalen Krankenversicherung würden wegen Gadgets wie der Apple Watch irgendwie obsolet
werden. Jeb!, dessen Lösung für die Wirtschaftskrise lautete:
»Die Leute müssen länger arbeiten.« Jeb!, der ständig seine
Meinung änderte, ob es von seinem Bruder nun richtig oder
falsch gewesen war, in den Irak einzumarschieren. Jeb!, der
sagte, sein Bruder »gab uns Sicherheit«, wobei er offenbar ver-
gaß, wann 9/11 war. Jeb!, der den Afroamerikanern aus einem
Saal in South Carolina voller Weißer eine, wie er fand, »erhe-
bende Botschaft« sandte: Wir »versorgen euch nicht mit kos-
tenlosem Kram. (...) Ihr könnt verdiente Erfolge erzielen.«
Den armen Jeb!, der als Gouverneur von Florida erklärte, die
Evolution solle nicht »Teil des Lehrplans« im naturwissenschaftlichen Unterricht an Staatsschulen sein, der die Familie
einer hirntoten jungen Frau daran hinderte, die lebenserhal-
tenden Maßnahmen abzubrechen, und der das erste christliche Gefängnis des Landes eröffnete.

Sie hätten Mike Huckabee nehmen können, den Gitarre spielenden Radioprediger aus Arkansas – »Ich habe nicht Mathe studiert. Ich habe Wunder studiert, und ich glaube auch immer noch daran« – und ehemaligen Gouverneur, der 2008 die Vorwahlen in Iowa gewann. Huckabee glaubt, »dass es in Nordkorea manchmal mehr Freiheit gibt als in den Vereinigten Staaten«, weil »christliche Überzeugungen angegriffen werden wie nie zuvor. (…) Wir bewegen uns rasch auf die Kriminalisierung des Christentums zu.« Er hat bemerkt, dass »in der Welt, aus der ich komme und in der ich leben will, ›Waffenkontrolle‹ bedeutet, dass man ins Schwarze trifft«, und »wenn Christen aufgefordert werden, die Homoehe zu akzeptieren, dann ist das so, als würde man einen Juden bitten, in seinem Feinkostladen Shrimps im Speckmantel zu verkaufen«. Als Gegner der in Obamacare enthaltenen Empfängnisverhütung sagte er: »Wenn die Demokraten Amerikas Frauen beleidigen wollen, indem sie ihnen einreden, sie seien hilflos, wenn nicht Uncle Sugar daherkommt und ihnen jeden Monat ein Verhütungsrezept gibt, weil sie ohne die Hilfe der Regierung weder Libido noch Fortpflanzungsorgane im Griff haben, dann ist es eben so.« Zum Klimawandel erklärte er: »Ich glaube, die meisten dürften wohl eine Enthauptung als eine weit größere Bedrohung empfinden als einen Sonnenbrand.«

Sie hätten John Kasich nehmen können, einen ehemaligen Kongressabgeordneten und Moderator bei Fox News, derzeit Gouverneur von Ohio. Seit jeher als phlegmatischer und ausfälliger Politiker bekannt, im Kongress bei vielen unbeliebt, polierte er für den Präsidentschaftswahlkampf sein Image auf. Nach eigener Aussage wurde aus ihm ein »Fürst von Licht und Hoffnung« und »der einzige Erwachsene im Raum«, einer, der versuche, alles auf der »Sonnenseite der Straße« zu lassen. Sogar die *New York Times* unterstützte ihn als republikanischen Kandidaten, obwohl er seit langem gegen Gewerkschaften, gegen Steuern, für Waffen, für die Todesstrafe, gegen den öffentlichen Nahverkehr, für das Impeachment von Bill Clinton, gegen Wählerrechte, gegen Abtreibung, gegen Umweltauflagen, für die Privatisierung von Gefängnissen, für Kreationismus im naturwissenschaftlichen Unterricht ist. In einem Staat, in dem 20 Prozent der Bevölkerung Minderheiten angehören, bestand sein Kabinett ausschließlich aus Weißen.

Sie hätten Dr. Ben Carson nehmen können, einen Neurochirurgen, der mit seinem verschlierten Blick und seinem Gemurmel über den »Obstsalat des Lebens« häufig wirkte, als hätte er sich zu lange in der Klinikapotheke herumgetrieben. Der Afroamerikaner nannte Obamacare »das Schlimmste, was diesem Land seit der Sklaverei widerfahren ist«, und bezeichnete es tatsächlich als »eine Art Sklaverei«, weil die Verabschiedung des Gesetzes Teil eines größeren leninistischen Vorstoßes sei, Amerika den Kommunismus aufzuzwingen. Er sagte, wer die Wahrheit über Präsident Obama wissen wolle, brauche lediglich *Mein Kampf* und Lenins Werke zu lesen, und »wenn es kein Fox News und keinen konservativen Rundfunk gäbe, wären wir schon Kuba. Ich weiß, [Obama] ist klar, dass sie sein Vorhaben behindern, diese Nation in etwas grundlegend anderes zu verwandeln.«

In einer Debatte verkündete Carson unversehens, er habe Insider-Informationen über chinesische Truppen in Syrien, bekannter wurde er jedoch für seine Ägyptologie: »Nach meiner ganz persönlichen Theorie hat Josef die Pyramiden als Getreidespeicher gebaut. Nun glauben ja alle Archäologen, dass sie als Pharaonengräber errichtet wurden. Aber, na ja, wenn man's sich überlegt, das müsste ja was unheimlich Großes sein, und ich glaube nicht, dass es einfach so im Lauf der Zeit verschwinden würde bei so viel Getreide.« Auch hat er erklärt, dass der »Widersacher«, Satan persönlich, in Charles Darwins Herz und Hirn gefahren sei und ihn überzeugt habe, die Evolutionstheorie zu erfinden, um Gottes Wort zu untergraben. Er plant, ein Buch namens *The Organ of Species* [Das Organ der Arten] zu schreiben, »um über die Organe des Körpers zu sprechen und wie sie die Evolution vollkommen widerlegen«. Aus irgendeinem Grund verglich Donald Trump den Schlafwandler Carson mit einem Kinderschänder: »Solche Leute heilt man nicht. Einen Kinderschänder heilt man nicht. Da gibt's kein Mittel. Pathologisch, da gibt's kein Mittel.« Carson hat zu Hause ein großes Gemälde hängen, auf dem Jesus Dr. Ben Carson die Hand auf die Schulter legt.

Sie hätten Marco Rubio nehmen können, den frisch gebackenen kubanisch-amerikanischen Senator aus Florida, der öffentlich erklärte, der Senat sei Zeitverschwendung, und auch am häufigsten abwesend war. Der ehemalige Schützling Jeb Bushs stach Jeb! in den Rücken und entzweite die Republikaner in Florida, indem er seine Kandidatur verkündete, statt abzuwarten, bis er an der Reihe war. Weithin als der »republikanische Obama« gerühmt – ein intelligenter junger Mann aus einer Minderheit –, wirkte er doch eher wie der beliebte Bürgermeister einer Kleinstadt im Sun Belt und nicht wie ein potenzieller Präsident. Rätselhafterweise galt er als »moderat«, trotz seiner harten Haltung beim Kreationismus, bei Schwulenrechten, Kriegseinsätzen, Einwanderung, Umweltauflagen usw. Zum Klimawandel hat er, obwohl er aus dem Bundesstaat kommt, der vom steigenden Meeresspiegel am meisten bedroht ist, erstaunlicherweise erklärt, dass man »das Wetter nicht ändern kann«, indem man in Washington ein Gesetz verabschiedet. Auf die Frage, wie alt die Erde sei, erwiderte er: »Mann, ich bin doch kein Wissenschaftler.« Er hat vorgeschlagen, die von den Reichen gezahlten Steuern – auf Kapitalerträge, Dividenden, Zinsen, Immobilien und Eigentum – komplett zu streichen. Er glaubt, Abtreibung sei zu einer »Industrie« geworden: »Man hat Anreize geschaffen, damit sich die Leute zu einer Abtreibung drängen lassen, um an das Gewebe zu kommen und es mit Gewinn zu verkaufen.«

Rubio hat enthüllt, dass Obama Teil einer verräterischen Verschwörung ist: »Ich werde unter anderem dafür kritisiert, dass ich die Wahrheit sage, und ich sage es auch weiterhin: Barack Obama untergräbt dieses Land. Er verletzt dieses Land. Er fügt diesem Land schweren Schaden zu, und zwar auf eine Weise, die meiner Überzeugung nach Teil eines Plans ist, Amerika auf der globalen Bühne zu schwächen. Das ist die Wahrheit.« Eine Presseerklärung war noch deutlicher: »Wir sind die einzige Kampagne, die Präsident Obamas Bestrebungen, unser Land bewusst zu zerstören, beim Namen nennt.« Von Trump als »Little Marco« verspottet, machte Rubio den entscheidenden Fehler, Trump noch übertrumpfen zu wollen, indem er über dessen Frisur und Penisgröße scherzte und spekulierte, dass Trump sich bei Debatten hinter der Bühne in die Hose mache. Er klang wie ein kleiner Junge, der die schlimmen Wörter seines älteren Bruders nachplappert. In einem Fernsehwerbespot hatte er erklärt: »Unser Ziel ist die Ewigkeit – die Fähigkeit, auf alle Zeit an der Seite unseres Schöpfers zu leben.« Aber offenbar ratlos, was er bis zur Ewigkeit tun soll, wenn er nicht Präsident sein kann, kündigte er unlängst an, noch einmal für einen Sitz im Senat zu kandidieren, den er doch so hasst.

★

Sie hätten Ted Cruz nehmen können, den frisch gebackenen Senator aus Texas. Cruz mag unter Politikern insofern einzigartig sein, als die Erwähnung seines Namens immer von Bemerkungen über seine Widerwärtigkeit begleitet wird. John McCain hat ihn »wacko bird« [komischer Kauz] genannt, John Boehner, der ehemalige Sprecher des Repräsentantenhauses, »Esel« und »leibhaftigen Luzifer«. Lindsey Graham, der republikanische Senator, der sehr kurz selbst kandidiert hatte, witzelte: »Würde man Ted Cruz im Senat umbringen, und der Prozess fände im Senat statt, könnte einen niemand verurteilen.« George W. Bush sagte mit seiner üblichen rhetorischen Verve: »Ich mag den Kerl einfach nicht.« (Die republikanischen Kongressabgeordneten waren unter anderem nicht darüber erfreut, dass Cruz den Mehrheitsführer im Senat, Mitch McConnell, dort einen Lügner nannte.) Es gab sogar einen Artikel eines Neurologen, der erklärte, weshalb Cruz' Gesichtsstruktur Abscheu erregt. Dennoch wurde er mit fast acht Millionen Stimmen Zweiter nach Trump.

Er hat in Princeton – sein Zimmergenosse im ersten Jahr hat sich dafür entschuldigt, dass er ihn nicht mit einem Kissen erstickt hat – und in Harvard Jura studiert, wo es, wie er behauptete, zwölf Professoren gebe, »die sich als Marxisten bezeichneten und die glaubten, die Kommunisten würden die Regierung der Vereinigten Staaten stürzen«. Er hat Obama vorgeworfen, »unverhohlen danach zu trachten, die Verfassung und diese Republik zu zerstören«, und dass »die Demokraten gegenüber Kriminellen deshalb so lasch sind, weil verurteilte Schwerverbrecher eher Demokraten wählen«. (Tatsächlich durften bei der Präsidentschaftswahl 2012 nahezu sechs Millionen Kriminelle laut dem Gesetz zum Wahlrechtsentzug keine Stimme abgeben.) Offenbar hatte er vergessen, dass die Regierung über eine Legislative verfügt, als er versprach, er werde gleich am ersten Tag seiner Präsidentschaft Obamacare streichen und das Nuklearabkommen mit dem Iran widerrufen, das, wie er sagt, »die Regierung Obama zum führenden Finanzier des radikal-islamischen Terrorismus« gemacht habe. Ebenso hat er versprochen, die Steuerbehörde, das Energieministerium, das Bildungsministerium, das Handelsministerium und das Ministerium für Wohnungsbau und Stadtentwicklung abzuschaffen. Er prahlt: »Mit mir als gewähltem Präsidenten werden wir den IS vollständig vernichten. (...) Unsere Bombenteppiche werden sie alle ins Jenseits befördern. Ich weiß nicht, ob Sand im Dunkeln leuchten kann, aber wir werden ja sehen!« (Es wurde spekuliert, dass er nicht weiß, was »Bombenteppich« bedeutet.) Er unterstützt Trumps Plan, 11 Millionen illegale Zuwanderer sofort zu deportieren – 3 Prozent der amerikanischen Bevölkerung –, aber anders als Trump würde er nicht zulassen, dass die »Guten«, wie Trump sie nennt, sich erneut bewerben dürfen. Er glaubt, dass die Agenda 21 der Vereinten Nationen von 1992 – ein nicht verbindlicher Aufruf zu ökologischer Nachhaltigkeit, von 178 Staatsoberhäuptern unterzeichnet, darunter George Bush sen. – der Versuch sei, »Golfplätze, Weideland und asphaltierte Straßen abzuschaffen«. Cruz zufolge ist »der Organisator dieses grandiosen Komplotts George Soros, der offen für den Sozialismus eintritt und glaubt, dass die globale Entwicklung durch Abschaffung von nationaler Souveränität und Privateigentum voranschreiten muss«. Er hat gesagt, dass »die globale Erwärmung wissenschaftlich nicht bewiesen ist« und dass es »während der letzten achtzehn Jahre keinerlei bedeutsame Erwärmung gegeben hat«. Er behauptet, in den Vereinigten Staaten sei die Scharia »ein gewaltiges Problem«.

Cruz spricht mit dramatischen Pausen und in dem aufsteigenden und fallenden Ton eines Fernsehpredigers; sein Lieblingsadverb ist *prayerfully* (andächtig), besonders vor *consider* (bedenken), also wird *carefully consider* (sorgfältig bedenken) zu *prayerfully consider*. Er glaubt: »Ein Präsident, der nicht jeden Tag auf den Knien beginnt, ist als Oberbefehlshaber dieses Landes nicht geeignet.« Er hat sich als Geißel des »Washingtoner Kartells« stilisiert, wobei er amerikanische Politiker mit Drogenhändlern und Ölscheichs in einen Topf warf. Als der republikanische Gouverneur von Iowa ihm die Unterstützung verweigerte, sagte er: »Es überrascht nicht, dass im Establishment die absolute Panik herrscht. Wir haben von Anfang an gesagt, dass das Washingtoner Kartell immer mehr in Panik gerät. Wenn sich die Konservativen hinter unserer Kampagne vereinen, werden Sie sehen, wie das Washingtoner Kartell aus allen Rohren feuert, mit allen Kanonen. Denn das Washingtoner Kartell lebt von Vetternwirtschaft, es lebt davon, Geschäfte zu machen, Sieger und Verlierer festzulegen, Unternehmen zu begünstigen und die Vetternwirtschaft zu fördern.« Als er in South Carolina bei den Vorwahlen Dritter wurde, sagte er: »Ja, das Geschrei, das Sie nun vom Potomac hören, ist das blanke Entsetzen des Washingtoner Kartells darüber, dass die konservativen Graswurzeln wachsen.« Bei der Frage, wie er als der Erzfeind dieses Kartells, das ja praktisch den gesamten Kongress der Vereinigten Staaten einschließe, als Präsident etwas zustande bringen wolle, wurde er ausweichend.

Noch mehr als die meisten Politiker leidet er an messianischen Wahnvorstellungen. Er hat wiederholt gesagt, dass »wir den Leib Christi wecken und beleben müssen« und dass »wir, wenn wir den Leib Christi wecken und beleben – wenn Christen und Gläubige aufstehen und für unsere Werte stimmen –, siegen und dieses Land umkrempeln werden«. Seine freiwilligen Helfer puschte er so: »Ich möchte allen sagen, sie sollen sich bereit machen, die volle Rüstung Gottes anlegen, sich bereit machen für die kommenden Angriffe.« Damit bezieht er sich auf Epheser 6, 11–13: »Zieht an den Harnisch Gottes, dass ihr bestehen könnet gegen die listigen Anläufe des Teufels. Denn wir haben nicht mit Fleisch und Blut zu kämpfen, sondern mit Fürsten und Gewaltigen, nämlich mit den Herren der Welt, die in der Finsternis dieser Welt herrschen, mit den bösen Geistern unter dem Himmel. Um deswillen ergreifet den Harnisch Gottes, auf dass ihr an dem bösen Tage Widerstand tun und alles wohl ausrichten und das Feld behalten möget.«

Nur wenige Tage vor dem republikanischen Parteitag haben viele Republikaner aus Sorge um die eigene Wiederwahl beschlossen, diesem fernzubleiben. Selbst der Gouverneur von Ohio, John Kasich, meidet das wichtigste republikanische Ereignis in seinem Bundesstaat seit 1936. Sie sind entsetzt, dass die Wähler sich angesichts des »hochqualifizierten und vielfältigen Kandidatenfeldes« für einen Mann von so geringer Fachkenntnis und solch extremistischen Ansichten entschieden haben. Redner jenseits von Trumps Familie wie Dr. Ben Carson und – vielleicht auf ein Wunder seines Herrn hoffend – Ted Cruz waren schwer zu finden. In Ohio ist unter dem netten Onkel Kasich das offene Tragen von Waffen erlaubt. Nach der Schießerei von Dallas erwarten nervöse Polizisten Straßen voller Demonstranten mit lauter AR-15-Gewehren.

28. Juli 2016

Wer alles
nicht für Trump
stimmen wird

Afroamerikaner

Unter Afroamerikanern liegt Trump in Umfragen derzeit bei 0,1 Prozent. (In manchen Bezirken fand sich kein einziger Anhänger.) Dennoch hat Trump erklärt, bei der Wahl zu seiner zweiten Amtszeit werde er »garantiert über 95 Prozent der afroamerikanischen Stimmen erhalten. Das verspreche ich euch. Weil ich liefern werde.«

Frauen

Trump: »Ich liebe nichts mehr als Frauen, aber sie sind echt ganz schön anders, als man sie darstellt. Sie sind viel schlimmer als Männer, viel aggressiver, und Junge, Junge, können die schlau sein!«

Die Bescheidenen

Interviewer: »Mit wem sprechen Sie regelmäßig – denn wir haben derzeit weltweit einige ernste außenpolitische Probleme –, mit wem beraten Sie sich regelmäßig, damit Sie vom ersten Tag an bereit sind?« Trump: »Ich spreche mit mir selbst, das als Erstes, denn ich habe ein sehr gutes Hirn, und ich habe vieles gesagt.«

Friedensfreunde

Trump: »Krieg kann ich gut. Ich hatte viele eigene Kriege. Krieg kann ich echt gut. In gewisser Weise liebe ich Krieg. Aber nur, wenn wir gewinnen.«

Mexikanische Amerikaner

Trump: »Unsere Führung ist dumm, unsere Politiker sind dumm, und die mexikanische Regierung ist viel smarter, viel schlauer, viel gerissener, und sie schicken die Schlimmen zu uns rüber, weil sie für die nicht bezahlen wollen, sie wollen sich um die nicht kümmern. Warum auch, wenn die dumme Führung der Vereinigten Staaten es für sie macht? Und genau das passiert, ob es euch gefällt oder nicht.« »Sie treiben sie in unser Land rein. (…) Und das sind Drogenhändler, und das sind Kriminelle aller Art. Wir nehmen Mexikos Probleme auf.«

Frauen

Trump: »Liebt ihn oder hasst ihn, aber Donald Trump ist ein Mann, der weiß, was er will, und der alles daransetzt, es auch zu kriegen, egal wie. Seine Macht törnt Frauen fast so sehr an wie sein Geld.«

Die moralisch Besorgten

Trump: »Jemand hat mich gefragt: ›Wie stehen Sie zu Waterboarding, Mr Trump?‹ Ich liebe es, habe ich gesagt. Ich liebe es. Ich finde es super.«

Vietnam-Veteranen

Trump (über Geschlechtskrankheiten): »Was das alles angeht, hatte ich großes Glück. Die Welt da draußen ist gefährlich –

es ist beängstigend, wie Vietnam. Ein bisschen wie zu Vietnam-Zeiten. Das ist mein persönliches Vietnam. Ich komme mir vor wie ein toller und sehr mutiger Soldat.« (Trump wurde während des Vietnamkriegs wegen Fußproblemen zurückgestellt, wobei er sich nicht daran erinnern kann, welcher Fuß es war. Damals spielte er Fußball, Squash und Tennis.)

Afroamerikaner

Trump: »Ich habe ein großartiges Verhältnis zu den Schwarzen.«

Muslimische Amerikaner

Trump: »Sie sind da. Und ich habe immer gesagt, das wird wie das Trojanische Pferd. Wir lassen Zehntausende in dieses Land strömen, und oft holen sie welche nach, das ist wie Krebs von innen. Das wird so heftig werden, und man weiß, dass sie unter sich bleiben, also weiß niemand wirklich, wer das ist, was passiert. Sie verschwören sich. Sie verschwören sich immer weiter, und das geht jetzt schon so lange, und alle wissen es«.

Michael Bloomberg

Nachdem sich der frühere republikanische Bürgermeister von New York auf dem Parteitag der Demokraten für Hillary Clinton ausgesprochen hatte (»Lasst uns eine vernünftige, kompetente Person wählen«), sagte Trump: »Ich wollte vor allem einem Typen eine reinhauen, einem sehr kleinen Typen, diesem Typen wollte ich so dermaßen eine reinhauen, dass er nicht mehr weiß, wo vorne und hinten ist und was zur Hölle gerade passiert ist.«

Die Realitätsnahen

Trump: »Der IS würdigt Präsident Obama. Er ist der Gründer des IS. Er ist der Gründer des IS, ok? Er ist der Gründer. Er hat den IS gegründet. Und ich würde sagen, die Mitbegründerin ist die verlogene Hillary Clinton.«

Die gastronomisch Veranlagten

Trump über McDonald's: »Ich bin ein sehr sauberer Mensch. Ich mag Sauberkeit. Ich finde, man geht lieber dahin als irgendwohin, wo man nicht weiß, woher das Essen kommt. Das ist eine Art Standard. Das Einzige an den großen Franchise-Unternehmen: ein schlechter Hamburger, und man kann McDonald's kaputtmachen. Ein schlechter Hamburger, Wendy's und alle anderen, und sie sind pleite.« Er hat Fotos von sich getwittert, die ihn in seinem Privatjet beim Essen von KFC-Hühnchen und etwas namens »Taco Bowl« – in Lateinamerika nicht bekannt – zeigen, dazu die Zeile: »Ich liebe Hispanics!«

Friedensfreunde

Trump: »Bei Atomwaffen ist mir die Kraft, die Zerstörung sehr wichtig.«

Die Logischen

Interviewer: »Es wird über die Präsidentschaft gesprochen und darüber, wer den Finger am Knopf hat. Die Vereinigten Staaten haben seit 1945 keine Atomwaffen mehr benutzt. Wann sollten sie es tun?« Trump: »Nun, es ist ein absolut letztes Mittel. Und, wissen Sie, ich verwende das Wort ›unberechenbar‹. Man muss unberechenbar sein. Und jemand sagte neulich – ich habe geschäftlich einen großen Deal abgeschlossen. Und die Person auf der anderen Seite wurde von einer Zeitung interviewt. Und wie hat Trump das gemacht? Und sie sagten: ›Er ist so unberechenbar.‹ Und ich wusste nicht, ob er es positiv oder negativ meinte. Es stellte sich heraus, dass er es positiv meinte.«

Mütter mit Babys

Trump ist bekannt dafür, die üblichen Wahlkampfbräuche, wie Händeschütteln, Babys küssen, sich unter die Leute mischen, nicht zu mögen. Lieber spricht er bei großen Kundgebungen und fliegt abends zurück zu einem seiner Häuser. Als bei einer Kundgebung in Virginia ein Baby zu schreien anfing, erwiderte er: »Ich liebe Babys. Ich höre dieses Baby schreien, das gefällt mir. Was für ein Baby. Was für ein schönes Baby. Keine Sorge, keine Sorge. Die Mama läuft herum, als … machen Sie sich keine Sorgen. Es ist jung und schön und gesund, und das wollen wir.« Zwei Minuten später sagte er: »Das war ein Scherz, schaffen Sie das Baby raus. Sie hat wohl echt geglaubt, ich mag es, wenn ein Baby schreit, während ich rede. Schon ok. Die Leute kapieren es nicht. Schon ok.«

Wissenschaftler

Trump (twittert): »Dieser sehr teure GLOBAL-WARMING-Scheiß muss aufhören. Unser Planet ist eiskalt, Minusrekorde, und unsere GW-Wissenschaftler stecken im Eis fest.« »Schnee in Texas und Louisiana, überall im Land und darüber hinaus Minusrekorde. Die Erderwärmung ist ein teurer Hoax!«

Die Gewaltfreien

Trump: »Ich werde waffenfreie Zonen an Schulen abschaffen und – muss man machen – auf Militärstützpunkten. Das wird an meinem ersten Tag unterzeichnet, ok? Am ersten Tag. Es gibt keine waffenfreien Zonen mehr.«

Die historisch Interessierten

Trump (darüber, wie er mit Terroristen umgehen würde, wobei er General »Black Jack« Pershing 1909–13 auf den Philippinen ins Feld führt): »Die hatten Probleme mit Terrorismus, genau wie wir. Und er hat fünfzig Terroristen erwischt, die enormen Schaden angerichtet und viele Menschen getötet hatten. Und er hat die fünfzig Terroristen genommen und fünfzig Mann, und er hat fünfzig Kugeln in Schweineblut getaucht – habt ihr schon mal gehört, oder? Er hat fünfzig Kugeln genommen und sie in Schweineblut getaucht. Und er hat seine Männer die Gewehre laden lassen, und er hat die fünfzig Leute in eine Reihe gestellt, und sie haben 49 dieser Leute erschossen. Und zum fünfzigsten hat er gesagt: Du gehst zurück zu deinen Leuten und erzählst ihnen, was passiert ist. Und fünfundzwanzig Jahre lang gab es keine Probleme. Ok? Fünfundzwanzig Jahre lang gab es keine Probleme.« (Die Geschichte ist offenbar eine Erfindung weißer Suprematisten.)

Friedensfreunde

Trump: »Wenn Iran, wenn sie mit ihren Bötchen um unsere schönen Zerstörer herumfahren, und sie machen unseren Leuten gegenüber Gesten, die ihnen nicht erlaubt sein sollten, dann werden sie aus dem Wasser geschossen.«

Die Gebildeten

Trump (nachdem er die Vorwahlen in Nevada gewonnen hatte): »Wir haben mit den schlecht Ausgebildeten gewonnen. Ich liebe die schlecht Ausgebildeten.«

Friedensfreunde

Trump: »Ich weiß mehr über den IS als die Generäle, glaubt mir. (…) Ich würde sie in Grund und Boden bomben.«

Die Gewaltfreien

Trump (bei einer Wahlkampfveranstaltung): »Im Publikum gibt es vielleicht jemanden mit Tomaten. Wenn ihr welche seht, die eine Tomate werfen wollen, gebt ihnen eins auf die Fresse, ja? Im Ernst. Ok? Gebt ihnen einfach … ich übernehme die Anwaltskosten, versprochen.«

Gold Star Mothers

Seit dem Ersten Weltkrieg ehrt *Gold Star Mothers* die Eltern derjenigen, die im Kampf gefallen sind. (Die vielleicht letzte sakrosankte Organisation in den USA, jetzt, da die Pfadfinder Schwule aufnehmen.) Der emotionale Höhepunkt des Parteitags der Demokraten war der Auftritt der Eltern von Humayun Khan, einem Hauptmann der US-Armee, der 2004 im Irak von einer Autobombe getötet wurde. Khizr Khan kritisierte das von Trump vorgeschlagene Einreiseverbot für Muslime und sagte: »Donald Trump, Sie bitten Amerikaner, Ihnen unsere Zukunft anzuvertrauen. Ich frage Sie: Haben Sie je die Verfassung der Vereinigten Staaten gelesen? Ich leihe Ihnen gern mein Exemplar. (…) Waren Sie je auf dem Friedhof Arlington? Gehen Sie hin und sehen Sie sich die Gräber mutiger Patrioten an, die bei der Verteidigung der Vereinigten Staaten gestorben sind. Sie werden alle Glaubensrichtungen, Geschlechter und Ethnien finden. Sie haben nichts und niemanden geopfert.« Trump schlug zurück und attackierte die Khans wochenlang. »Ich wurde auf der Bühne brutal angegriffen, und ich habe das Recht, darauf zu antworten.« Was die Opfer anging, sagte er: »Ich finde, ich habe viele Opfer gebracht. Ich arbeite sehr, sehr hart. Ich habe Tausende und Abertausende Jobs geschaffen, Zehntausende Jobs, großartige Gebäude errichtet. Ich hatte enormen Erfolg. Ich finde, ich habe viel getan.« Humayun Khans Grab in Arlington wurde zu einer Touristenattraktion.

Frauen

Trump: »Wenn Hillary Clinton ihren Mann nicht befriedigen kann, wie kommt sie darauf, sie könnte Amerika befriedigen?«

Sino-Amerikaner

Trump: »Als die Studenten auf den Platz des Himmlischen Friedens strömten, hat die chinesische Regierung es beinahe vergeigt. Dann waren sie brutal, sie waren grausam, aber sie haben es mit Stärke niedergeschlagen. Das zeigt einem die Macht von Stärke.«

Die Humorlosen

Trump: »[Saudi-Araber] übervorteilen uns derartig beim Öl (…) und sie lachen über dieses Land.« »Ich kenne viele der Leute in China, ich kenne viele der Big-Business-Leute, und sie lachen über uns.« »Die Welt lacht über uns.« »Nach Syrien lachen unsere Feinde!« »Die mexikanische Führung lacht seit

vielen Jahren über uns.« »Die Perser sind großartige Verhand-
ler. Sie lachen über die Blödheit des Deals, den wir machen.«
»Wir können es uns nicht mehr leisten, so nett und so dumm
zu sein. Unser Land steckt in Schwierigkeiten. Der IS lacht
über uns.«

Veteranen

Trump: »Wisst ihr, mir ist gerade etwas sehr Nettes passiert.
Ein Mann kam auf mich zu und reichte mir sein *Purple Heart*.
Er sagte: ›Das ist mein echtes *Purple Heart*. So viel Vertrauen
habe ich in Sie.‹ Und ich sagte: ›Mann, das ist eine große
Sache.‹ Ich wollte schon immer das *Purple Heart* bekommen.
So war es viel leichter.« Die Medaille wird Armeeangehöri-
gen verliehen, die im Kampf verwundet oder getötet wurden.
Nach der Kundgebung sagte der Mann Reportern gegenüber,
in Wirklichkeit sei es die Kopie eines *Purple Heart* gewesen.

Vietnam-Veteranen

Trump (über John McCain): »Er ist kein Kriegsheld. Er ist
ein Kriegsheld, weil er in Gefangenschaft geraten ist. Ich mag
Leute, die nicht in Gefangenschaft geraten sind, ok? Ich sag's
euch ungern. Er ist ein Kriegsheld, weil er in Gefangenschaft
geraten ist, ok?« (McCain hat sich trotzdem für Trump ausgesprochen.)

Wissenschaftler

Trump (Tweet): »Das Konzept Erderwärmung wurde von
den und für die Chinesen erschaffen, um die US-amerikanische Produktion wettbewerbsunfähig zu machen.« Als ein Interviewer ihn bat, das zu erläutern, sagte er: »Ich kenne mich

aus mit Klimawandel. Ich würde … habe Umweltpreise erhalten. Und ich scherze oft, dass all dies China zugutekommt. Ich scherze natürlich. Aber all dies kommt China zugute, weil China nichts tut, um dem Klimawandel abzuhelfen. Sie verfeuern alles, was man verfeuern kann; es ist ihnen völlig egal. Sie haben sehr … wissen Sie, ihre Standards sind gleich null. Aber sie … in der Zwischenzeit können sie unsere Preise unterbieten. Unsere Wirtschaft hat es also schwer.«

Die moralisch Besorgten

Trump: »Die andere Sache mit den Terroristen ist, man muss ihre Familien ausschalten, wenn man diese Terroristen erwischt, muss man ihre Familien ausschalten. Die sind denen nicht egal, machen Sie sich nichts vor. Wenn die sagen, die sind ihnen egal, muss man ihre Familien ausschalten.« Rand Paul (als Replik bei einer republikanischen Debatte): »Wenn Sie die Familien von Terroristen töten wollen, sollten Sie sich darüber im Klaren sein, dass es etwas namens Genfer Konvention gibt, aus der wir austreten müssten.«

Die mathematisch Genauen

Trump hat getwittert, dass Mordstatistiken zufolge 81 Prozent der ermordeten Weißen von Schwarzen getötet werden. Laut dem FBI werden 82 Prozent der ermordeten Weißen von Weißen getötet.

Neocons

Im August unterzeichneten fünfzig führende Republikaner und Befürworter des Contra-Kriegs, der Invasion in Afghanistan, des »Kriegs gegen den Terror« und des Irakkriegs einen offenen Brief, in dem sie völlig ironiefrei erklärten, dass Trump »ein gefährlicher Präsident wäre und die nationale Sicherheit und das Wohlergehen unseres Landes gefährden würde. (...) Mr Trump verfügt nicht über den für das Präsidentenamt notwendigen Charakter, die Werte und Erfahrung. Als Anführer der freien Welt schwächt er die moralische Autorität der USA. Anscheinend mangelt es ihm an grundlegendem Wissen über und Glauben an die Verfassung, die Gesetze und die Institutionen der USA.« Neocons sind besonders beunruhigt über Trumps Isolationismus, die Unterstützung für und von Wladimir Putin, sein Bestreben, sich aus der Nato sowie den meisten internationalen Verteidigungs- und Handelsabkommen zurückzuziehen, seinen Vorschlag im Stil einer mafiösen Schutzgelderpressung, Nationen für ihre Verteidigung zahlen zu lassen, und seinen Vorschlag im Stil einer schlitzohrigen Immobilien-Mauschelei – nimm's oder geh leer aus –, nur einen Bruchteil der Staatsschulden zurückzuzahlen.

Frauen
Trump unterbrach Clinton während des ersten Fernsehduells 51 Mal.

Die Familie Bush
George sen. und Barbara haben Freunden im privaten Kreis erzählt, sie würden für Clinton stimmen. Laura hat der Presse gegenüber »angedeutet«, dass sie Clinton unterstützt. George jr. will sich für niemanden aussprechen. Jeb sagte kürzlich, dass es »ein ziemlich deutliches politisches Statement wäre«, wenn dieses Jahr »alle nicht wählen gingen«.

Friedensfreunde

Trump befürwortet Atomwaffen für Südkorea und Japan: »Und ganz ehrlich, man könnte dafür plädieren, dass sie sich selbst gegen Nordkorea verteidigen sollen. Sie würden sie vermutlich ganz schön schnell ausradieren. Und sollten sie kämpfen, wisst ihr was, das wäre eine schreckliche Geschichte, schrecklich. Viel Glück, Leute, viel Spaß. (...) Aber wenn sie's tun, tun sie's.«

Steuerzahler

Als Clinton im ersten Fernsehduell mutmaßte, Trump habe seine Steuerbescheide nicht offengelegt, weil sie zeigen würden, dass er keine Steuern zahle, fiel er ihr ins Wort und sagte: »Das heißt, ich bin schlau.« Eine Woche später stellte sich heraus, dass Trump 1995 einen Verlust von über 900 Millionen Dollar geltend gemacht hatte, was bedeutet, dass er in den folgenden 18 Jahren vermutlich keine Steuern zahlen musste. Rudolph Giuliani, Trumps omnipräsentester Anhänger, kommentierte: »Der Mann ist ein Genie. Er weiß, wie er die Steuergesetze für das Volk, dem er dient, zu handhaben hat. Finden Sie nicht, dass ein Mann mit einem solchen ökonomischen Gespür für die Vereinigten Staaten viel besser ist als eine Frau (...)?«

Die Übergewichtigen

In diesem Duell ging Trump Clinton in die Falle, als sie Alicia Machado erwähnte, Miss Universum von 1996, die Trump damals »Miss Piggy« nannte, weil sie zugenommen hatte, und »Miss Zimmermädchen«, weil sie Latina ist. Trump erträgt es nicht, von jemandem kritisiert zu werden, den er als »Loser«

erachtet, und Machado saß im Fernsehen und erzählte von Trumps Demütigungen zwanzig Jahre zuvor. Fünf Tage später, um drei Uhr nachts, attackierte Trump Machado noch immer auf Twitter. Bald darauf deckten *Cosmopolitan* und andere dem Selbstbild gewidmete Magazine weitere seiner – wie man heute sagt – *fat-shaming*-Bemerkungen über Filmstars (darunter die damals schwangere Kim Kardashian) und Trump-Angestellte auf. Schätzungsweise zwei Drittel der Amerikaner sind übergewichtig.

Diplomaten
Fünfundsiebzig ehemalige Botschafter und pensionierte Beamte des Außenministeriums, die traditionell keiner Partei anhängen, haben einen Brief unterzeichnet, in dem Trump als »ignorant« und »völlig unqualifiziert« bezeichnet wird.

Friseure
Trump ist eine Beleidigung für den Beruf.

Die Selfmades
Trump: »Mein ganzes Leben lang sehe ich, wie Politiker damit angeben, wie arm sie sind, wie sie mit nichts angefangen haben, wie arm ihre Eltern und Großeltern waren. Und ich habe mir gesagt, wenn sie über so viele Generationen so arm bleiben können, vielleicht ist das nicht die Art von Leuten, die wir in hohe Ämter wählen wollen. Wie schlau können sie schon sein? Es sind Deppen.«

Die Bescheidenen
Trump: »Das Schöne an mir ist, dass ich sehr reich bin.«

Die Realitätsnahen

Trump: »Es gibt jetzt mindestens zwei Millionen, zwei Millionen, denkt darüber mal nach, kriminelle Ausländer in unserem Land, zwei Millionen Leute, kriminelle Ausländer. Noch am ersten Tag werden wir anfangen, sie abzuschieben. Sobald ich das Amt übernehme. Am ersten Tag … Am ersten Tag, während meiner ersten Stunde im Amt verschwinden diese Leute. Und ihr könnt es ›deportieren‹ nennen, wenn ihr wollt. Die Presse mag den Ausdruck nicht. Ihr könnt es nennen, wie ihr verdammt nochmal wollt. Sie sind weg. Mehr als die zwei Millionen, und es gibt eine riesige Zahl an weiteren kriminellen illegalen Einwanderern, die geflohen sind, aber ihre Tage in diesem Land sind gezählt. Es wird keine Verbrechen mehr geben. Sie werden fort sein. Es wird vorbei sein. Sie gehen raus. Sie gehen ganz schnell raus.«

Die historisch Interessierten

Trump: »Ich habe zugesehen, wie das World Trade Center einstürzte. Und ich habe in Jersey City, New Jersey, gesehen, wo Abertausende Menschen jubelten, als das Gebäude einstürzte. Tausende Menschen jubelten.« Trump (am folgenden Tag zu dem Fernsehmoderator George Stephanopoulos): »Es war im Fernsehen. Ich habe es gesehen. (…) Damals wurde viel darüber berichtet, George. Nun, ich weiß, darüber spricht niemand gern, aber damals wurde viel darüber berichtet. Drüben in New Jersey gab es Leute, die zugesehen haben, eine große arabische Bevölkerung, die gejubelt haben, als die Gebäude eingestürzt sind. Nicht gut.« (Niemand weiß, wie Trump dies im Fernsehen gesehen hat.)

Die gastronomisch Veranlagten

Richard Ford: »Ich bin sicher, dass ich mit Mr Trump in meinem Lieblingsrestaurant in Paris *nicht* allein zu Abend essen könnte. Er würde es ruinieren.« (Würde Ford dagegen »beschließen, Präsident Obama zu sagen (...), er solle bei seinem nächsten Besuch in Paris im Sur le Fil den Kabeljau bestellen (...), würde er zuhören und zumindest versuchen, sich daran zu erinnern.«)

Die historisch Interessierten

Rudolph Giuliani: »Bevor Obama auftauchte, hatten wir in den USA keine erfolgreichen radikal-islamischen Terroranschläge. Damit ging es erst los, als Clinton und Obama ins Amt kamen.«

Mitglieder intakter Familien

Trump (über seine Tochter Ivanka): »Sie hat eine sehr hübsche Figur. Ich habe immer gesagt, wäre sie nicht meine Tochter, wäre ich vielleicht mit ihr zusammen.« »Ja, sie hier ist schon was Besonderes, und was für eine Schönheit. Wäre ich nicht glücklich verheiratet und, ihr wisst schon, ihr *Vater* ...«

Afroamerikaner

Trump: »Unsere afroamerikanischen Communities sind im absolut schlimmsten Zustand aller Zeiten. Aller. Aller. Aller Zeiten.« Obama: »Wissen Sie, ich glaube, selbst die meisten Achtjährigen werden Ihnen sagen, dass diese ganze Sklaverei-Sache für schwarze Menschen nicht sonderlich gut war.«

Die Gewaltfreien

Trump: »Wenn [Clinton] sich ihre Richter aussuchen darf – da kann man nichts machen, Leute. Wobei, die *Second-Amendmend*-Leute.[†] Vielleicht doch. Ich weiß nicht.«

Traditionalisten

Es ist beinahe sicher, dass, falls Trump gewählt wird, Melania Trump die erste First Lady sein wird, die für »Mädchen-mit-Mädchen«-Softporno-Fotos posiert hat.

Afroamerikaner und Juden

Trump: »Schwarze Typen, die mein Geld zählen! Ich hasse das. Die einzigen Leute, die mein Geld zählen sollen, sind kleine kurze Typen, die jeden Tag Jarmulkes tragen.«

Frauen

Als Gouverneur von Indiana initiierte und unterzeichnete Mike Pence ein Gesetz, das eine Frau, die abtreiben lässt, verpflichtet, den Fötus zu bestatten und für das Begräbnis zu bezahlen.

Die Realitätsnahen

Trump: »Präsident Obama und Hillary Clinton (...) befürworten die Freilassung von gefährlichen, gefährlichen, gefährlichen Kriminellen aus der Haft.«

---

† Der zweite Zusatz zur Verfassung der Vereinigten Staaten garantiert allen US-Bürgern das Grundrecht auf Waffenbesitz. [Anm. d. Ü.]

Mexikanische Amerikaner
(und Sprach-Präzisionisten)

Trump: »Wir werden eine große Mauer entlang der südlichen Grenze bauen. Und Mexiko wird die Mauer bezahlen. Hundert Prozent. Sie wissen es noch nicht, aber sie werden die Mauer bezahlen. Und es sind großartige Menschen und eine großartige Führung, aber sie werden die Mauer bezahlen. Noch am ersten Tag werden wir anfangen mit unfassbarer, fassbarer, hoher, kraft, prachtvoller südlicher Grenzmauer.«

Die Realitätsnahen

Trump (über den Irak): »Wisst ihr, früher hieß es, dem Sieger gebührt die Beute. Nun, dort gab es keinen Sieger, glaubt mir. Es gab keinen Sieger. Aber ich habe immer gesagt: Nehmt euch das Öl.«

Die Realitätsnahen

Elf Millionen nicht erfasster Immigranten mithilfe einer »neuen speziellen Deportations-Task-Force« deportieren. Alle Muslime der USA in einer Datenbank erfassen. »Eine totale und vollständige Stilllegung der Einreise von Muslimen in die Vereinigten Staaten.« Oder: »Immigration [aller Personen] aus Weltgegenden aussetzen, in denen es nachweislich eine Geschichte des Terrorismus gibt.« (Frankreich? Belgien?) Oder: »die Einwanderung aus Regionen, die mit dem Terrorismus in Verbindung stehen, aussetzen, bis ein erprobtes Prüfungsverfahren in Kraft tritt«. Oder: nur die Einwanderung von Muslimen aus diesen Gegenden aussetzen. Überprüfungen werden »diejenigen aussondern, die unserem Land oder seinen Grundsätzen feindlich gesinnt sind oder die glauben, dass die

Scharia das amerikanische Recht ersetzen sollte«. »Wir wollen sicherstellen, dass wir nur diejenigen in unser Land lassen, die unsere Werte befürworten und unser Volk lieben – und ich meine wirklich lieben.«

Die Bescheidenen

Trump: »Ich finde absolut, es ist großartig, sich zu entschuldigen – aber dazu muss man im Unrecht sein. Sollte ich in der hoffentlich fernen Zukunft jemals im Unrecht sein, werde ich mich auf jeden Fall entschuldigen.«

Die leicht zu Verblüffenden

Trump: »Ich liebe Frauen. Sie sind in mein Leben getreten. Sie sind aus meinem Leben wieder verschwunden. Selbst diejenigen, die nicht sonderlich elegant gegangen sind, haben noch heute einen Platz in meinem Herzen. In Sachen Frauen bedauere ich nur eins – dass ich niemals Gelegenheit hatte, Lady Diana Spencer den Hof zu machen.«

Die leicht Abzuschreckenden

Trump: »Meine Finger sind lang und schön, genau wie, das wurde vielfach dokumentiert, andere Teile meines Körpers.«

All jene, die keinen Rat suchen

Trump: »Mein IQ ist einer der höchsten – und ihr alle wisst es! Bitte fühlt euch nicht so dumm oder verunsichert; es ist nicht eure Schuld.«

3. Oktober 2016

Zehn typische Tage
in Trumps Amerika

Während in North Carolina Dutzende von Sammelbecken mit Schweinegülle überlaufen, sagt Präsident Trump, der Hurrikan Florence sei »einer der nassesten, die wir je gesehen haben, vom Standpunkt des Wassers her«. (In North Carolina produzieren 9,7 Millionen Schweine pro Jahr fast 40 Milliarden Liter Dung.)

*

Präsident Trump sagt: »Ich hoffe, dies als eine meiner Glanzleistungen anbringen zu können, dass ich ein echtes Krebsgeschwür in unserem Land aufdecken konnte.« Er bezieht sich auf das FBI.

*

Der Pornostar Stormy Daniels liefert eine detaillierte Beschreibung von Donald Trumps Penis. Obwohl Trump während des Wahlkampfs in Fernsehdebatten und bei öffentlichen Auftritten mit der Größe seines Glieds geprahlt hatte, weist Daniels dies anhand ihrer beruflichen Expertise lachend zurück.

*

Der Hurrikan Florence lässt Becken mit über zwei Millionen Kubikmetern Flugasche – damit ließe sich ein großes Sportstadion füllen – in den Cape Fear River und das umliegende Flachland auslaufen. (Unter Obama wurden für die vielen hundert Lagerbecken in den USA Vorschriften eingeführt, unter Trump wurden sie zurückgenommen. Flugasche, die bei der Verbrennung von Kohle zurückbleibt, enthält Blei, Quecksilber, Selen, Arsen, Kadmium, Chrom und Bor und ist bekannt dafür, beim Menschen zu Krebs, neurologischen Erkrankungen und Fortpflanzungsproblemen zu führen, bei Fischen zu bizarren Missbildungen. Zu den Befürwortern der Deregulierung gehörte auch Andrew Wheeler, der viele Jahre lang als Lobbyist für Murray Energy tätig war, das größte Kohlebergbauunternehmen der USA. Heute leitet er die staatliche Umweltschutzbehörde EPA. In seiner Antrittsrede sagte Wheeler: »Es frustriert mich, wenn die Medien berichten, ich sei Kohle-Lobbyist gewesen.«)

*

Es wird bekannt, dass Präsident Trump zu einer Besuchergruppe spanischer Minister sagte, Spanien solle eine Mauer quer durch die gesamte Sahara bauen, um Flüchtlinge fernzuhalten.

*

Bei seiner Vernehmung vor einem Unterausschuss des Senats wiederholt Matthew Albence, der stellvertretende Direktor der Einwanderungs- und Zollbehörde ICE, seine frühere Aussage, dass die Haftanstalten für Kindermigranten wie »Sommerlager« seien: »Es gibt Basketballplätze, Sportunterricht, Fußballfelder …« Auf die Frage, ob er seine eigenen Kinder in ein solches Lager schicken würde, antwortet er nicht. (In den Lagern befinden sich derzeit fast 13.000 Kinder. Wie die Erwachsenenlager werden sie zumeist von profitorientierten Unternehmen betrieben, die Trumps Wahlkampf und die Amtseinführung mit Großspenden unterstützt hatten. Ihr Aktienwert ist in den letzten zwei Jahren in die Höhe geschnellt. Das größte dieser Unternehmen, Geo Group, das ein Drittel der über 300.000 inhaftierten Einwanderer festhält, richtete seine Jahreshauptversammlung 2017 im Trump National Doral Golf Club in Miami aus.)

Die Trump-Regierung gibt bekannt, dass sie zur Finanzierung der Lager mehrere Millionen Dollar abzweigt, die für die Krebs- und AIDS-Forschung, für Frauenhäuser und Programme für psychische Gesundheit, Müttergesundheit, Früherziehung und Drogenmissbrauch vorgesehen waren.

★

Im Senat wird der *Secure Elections Act* mangels Unterstützung vonseiten der Republikaner auf die Zeit nach den Zwischenwahlen verschoben. Mit dem Gesetz wären die Bundesstaaten verpflichtet gewesen, zusätzlich Papierstimmzettel zu verwenden und die Wahlen nachträglich zu überprüfen, um sicherzustellen, dass keine Stimmen oder Wahlsysteme gehackt oder beeinträchtigt wurden.

★

Die Anzahl der Todesopfer durch den Hurrikan Florence: 43 Menschen, 5.500 Schweine, 3.400.000 Hühner.

★

Die Psychologieprofessorin Christine Blasey Ford beschuldigt Brett Kavanaugh, den Kandidaten für den Supreme Court, den Obersten Gerichtshof, sie in Jugendjahren auf einer Party sexuell missbraucht zu haben. Dabei habe er die Musik aufgedreht, sodass ihre Schreie nicht zu hören waren, und ihr die Hand auf den Mund gelegt. Fox News bezeichnet sie als »verrückt« (»Gut möglich, dass sie alles glaubt, was sie sagt. Das ist eines der Anzeichen von Wahnsinn, etwas zu glauben, das nicht real ist«); Senator Orrin Hatch sagt, sie sei eindeutig »verwirrt«; Donald Trump jr. macht sich auf Twitter mit einer krakeligen Zeichnung über sie lustig; wenn der Übergriff »so schlimm war, wie sie sagt«, twittert Präsident Trump, warum hat sie es dann nicht gemeldet? »Warum hat vor 36 Jahren niemand das FBI angerufen?« (Sie war damals fünfzehn, und das FBI ermittelt normalerweise nicht in Fällen von sexueller Gewalt.) Kavanaugh bestreitet den Vorfall, widersetzt sich jedoch – obwohl er ein Verfechter der Rechtsstaatlichkeit sein dürfte – Dr. Fords Antrag auf Untersuchung des Falls durch das FBI im Rahmen der routinemäßigen Background-Checks von Anwärtern auf wichtige Regierungsposten. Der Evangelist Franklin Graham und verschiedene Republikaner behaupten, Kavanaughs ehrenhafter Charakter sei erwiesen, da er Ford nicht wirklich vergewaltigt, sondern sie lediglich überwältigt und begrabscht und dann aufgehört habe.

Aufgrund von Morddrohungen muss Dr. Ford ihre Familie untertauchen lassen.

(Das öffentliche Interesse an Kavanaughs Übergriff als betrunkener Jugendlicher hat nun seine äußerst undurchsichtigen privaten Finanzen in den Hintergrund gedrängt, mit seinem weit über sein Gehalt hinausgehenden Lebensstil und bis zu 200.000 Dollar Schulden, die sich vor kurzem plötzlich in Luft aufgelöst haben; seine ihm nachgesagte Sportwetten-Sucht; sein entschiedener Widerstand gegen reproduktive Rechte und Gewerkschaften; seine Überzeugung, dass ein Präsident von strafrechtlichen Anklagen ausgenommen sei; die Liste mit sexuell unverblümten Fragen an Bill Clinton, die er während des Clinton-Impeachments für Kenneth Starr vorbereitet hatte; und die vielen tausend Seiten über seine Tätigkeit in der Bush-Regierung, die von den Republikanern nicht freigegeben werden – die unter anderem seine Rolle bei der Formulierung der Folterstrategie, dem Diebstahl von Unterlagen der Demokratischen Partei und der Genehmigung von Abhöraktionen ohne richterlichen Beschluss dokumentieren.)

★

Das Innenministerium kündigt an, eine Verordnung aus der Ära Obama aufzuheben, die Energieunternehmen dazu verpflichtet, die Menge des bei der Öl- und Gasförderung freigesetzten Methans zu reduzieren. (Methan ist für neun Prozent aller inländischen Treibhausgasemissionen verantwortlich. Die Verordnung – die nie umgesetzt wurde, da sie bis heute durch Klagen von Energieunternehmen blockiert wird – hätte jährlich 180.000 Tonnen Methan-Emissionen verhindert, was 950.000 Autos weniger auf den Straßen entspräche. Bislang hat die Regierung Trump 76 Umweltvorschriften überarbeitet, umgeschrieben oder aufgehoben, von denen die meisten dabei helfen sollten, den Klimawandel einzudämmen.)

★

Brock Long, Leiter der Bundesagentur für Katastrophen-schutz FEMA, schließt sich der Behauptung von Präsident Trump an, dass entgegen offizieller Schätzungen während des Hurrikans Maria in Puerto Rico im vergangenen Jahr »nicht dreitausend Menschen gestorben sind«. (Trump hat behaup-tet, es seien nur 64 Menschen gestorben und die größere Zahl sei eine Erfindung der Demokraten, um ihn »so schlecht wie möglich aussehen zu lassen«.) Long zufolge »könnte es im Laufe der Zeit indirekt mehr Todesfälle geben, weil die Leute aufgrund von Stress einen Herzinfarkt bekommen, sie versuchen, ihr Dach zu reparieren, und fallen vom Haus, sie sterben bei Autounfällen, weil sie eine Kreuzung überqueren, wo die Ampeln nicht funktionieren. (...) Häusliche Gewalt schießt durch die Decke. Wissen Sie, man kann die Schuld für häusliche Gewalt nach einer Katastrophe nicht irgend-wem zuschieben.«

★

Ed Whelan, ein enger Freund von Brett Kavanaugh und Prä-sident des *Ethics and Public Policy Centers*, eines rechtsgerich-teten Think-Tanks, präsentiert – in einer langen Reihe von Tweets – eine ausgeklügelte Theorie, der zufolge Dr. Ford in Wirklichkeit von einem früheren Mitschüler Kavanaughs, einem heutigen Lehrer an einer Middle School, angegriffen worden sei. Obwohl die Theorie allgemein verspottet und rasch widerlegt wird, berichten Fox News und das *Wall Street Journal* weiterhin darüber. (Whelans Enthüllungen waren sorgfältig inszeniert, mit nach und nach der Presse zugespiel-ten Hinweisen auf bevorstehende wichtige neue Entwicklun-gen. Dies war die Arbeit von CRC Public Relations, einem

Unternehmen, das vor allem für die Gründung der *Swift Boat Veterans for Truth* bekannt ist, die 2004 zum Scheitern von John Kerrys Präsidentschaftskampagne mit der Behauptung beitrugen, er sei fälschlicherweise als Kriegsheld ausgezeichnet worden. CRC – kurz für *Creative Response Concepts* – kümmert sich auch um die Öffentlichkeitsarbeit der *Federalist Society*, die unter Trump erfolgreich die Ernennung vieler ultrakonservativer Richter vorangetrieben hat, etwa Neil Gorsuch am Supreme Court, für den sie eine 10 Millionen Dollar teure Kampagne koordinierten. Aufgrund bestimmter, nicht öffentlich bekannter Informationen wurde allgemein angenommen, dass Whelan und CRC mit Republikanern im Justizausschuss des Senats und möglicherweise mit Kavanaugh selbst zusammengearbeitet haben.)

In einer weiteren Wendung tritt der ehemalige CRC-Mitarbeiter Garrett Ventry, inzwischen Sprecher der Republikaner im Justizausschuss und Berater des Vorsitzenden, Senator Chuck Grassley, nach Vorwürfen der sexuellen Belästigung plötzlich zurück. Whelan wird vom *Ethics and Public Policy Center* »vorübergehend beurlaubt«.

*

Mit Stand vom 21. September gab es in den USA in den 263 Tagen des Jahres 2018 262 Massenschießereien. (Als solche gelten »einzelne Vorfälle mit vier oder mehr getöteten oder verwundeten Personen, den Schützen nicht eingeschlossen«. 2015 gab es 335 Massenschießereien; 2016 waren es 382; 2017 waren es 346.)

*

Präsident Trump sagt, er hätte den ehemaligen FBI-Direktor James Comey an dem Tag entlassen sollen, »an dem ich die Vorwahlen gewann« – und vergisst ganz offensichtlich, dass dies vor seiner Amtszeit war.

★

In ihren anhaltenden Bemühungen um die Reduzierung »lästiger Bundesvorschriften« kündigt die Regierung Trump an, Krankenhäuser nicht mehr abzustrafen, wenn eine unverhältnismäßig große Zahl ihrer Patienten bei Organtransplantationen stirbt.

★

Im Bundesstaat New York sendet der Republikaner Chris Collins – der erste Kongressabgeordnete, der sich im Präsidentschaftswahlkampf für Trump ausgesprochen hatte – einen Fernsehwerbespot, in dem sein demokratischer Herausforderer Nate McMurray, überblendet mit einem Foto von Kim Jong-un, Koreanisch spricht, und behauptet, McMurray biete an, amerikanische Arbeitsplätze auszulagern. Der Spot endet mit den Worten: »Sie können Nate McMurray beim Wort nehmen.« (McMurray war in mehreren offiziellen US-amerikanisch-koreanischen Handelsforen tätig und ist mit einer Koreanerin verheiratet. Collins wurde angeklagt, während eines republikanischen Kongresspicknicks auf dem Rasen des Weißen Hauses per SMS Insiderhandel betrieben zu haben. Die Verhandlung steht noch aus.)

★

In Kalifornien behauptet der Republikaner Duncan Hunter – der zweite Kongressabgeordnete, der sich im Präsidentschaftswahlkampf für Trump ausgesprochen hatte – in Fernsehspots und in Reden, sein demokratischer Herausforderer Ammar Campa-Najjar sei nach Jassir Arafat benannt und werde von der Muslimbruderschaft unterstützt. Das Ganze sei ein Versuch von »Islamisten«, den Kongress »zu infiltrieren«. Campa-Najjar hat mexikanische und palästinensische Wurzeln und ist praktizierender Christ. (Hunter wurde angeklagt, mindestens 250.000 Dollar an Wahlkampfgeldern privat verwendet zu haben, etwa für Reisen nach Italien und Hawaii, Zahnarztkosten seiner Familie, Schulgeld seiner Kinder, Kinokarten, Videospiele, Lebensmittel, internationale Reisen für fast ein Dutzend Verwandte und ein Flugticket im Wert von 600 Dollar für das Kaninchen der Familie. Er kaufte auch Golfausrüstung für sich selbst, gab in Finanzberichten jedoch an, sie sei für verwundete Veteranen gedacht gewesen. Zunächst hatte er noch versucht, diese Ausgaben seiner Frau unterzuschieben, übernahm nach einem öffentlichen Aufschrei aber die Verantwortung. Die Verhandlung steht noch aus. Derzeit führt er in den Umfragen.)

*

Eine weitere Frau, Deborah Ramirez, behauptet, sie sei von Brett Kavanaugh sexuell missbraucht worden, als sie zusammen in Yale studierten. Der republikanische Senator Orrin Hatch weist den Vorwurf als »frei erfunden« zurück. Auf die Frage, warum er ihn für frei erfunden halte, antwortet er: »Weil ich weiß, dass er es ist, darum.«

(Die Republikaner, die bereits seit einigen Tagen von dieser zweiten Anschuldigung wussten, versuchten erfolglos, noch vor Bekanntwerden über die Bestätigung Kavanaughs abstimmen zu lassen. Bemerkenswert ist, dass alle der sechs führenden republikanischen Mitglieder des Justizausschusses im Jahr 2013 gegen die Wiedereinführung des Gesetzes gegen Gewalt an Frauen aus der Ära Clinton gestimmt hatten. Es wurde vom Senat schließlich mit 78 zu 22 Stimmen verabschiedet.)

Im Karussell vertrauter Gesichter sagt Michael Avenatti, der Anwalt von Stormy Daniels, er habe noch eine Mandantin mit Informationen über weitere Übergriffe Kavanaughs und seiner Freunde aus der High School. (In Maryland, wo sie damals lebten, gilt für sexuelle Gewalt keine Verjährungsfrist.)

Präsident Trump sagt: »Es kann sein, dass dies eine der unfairsten, ungerechtesten Sachen ist, die einem Kandidaten wofür auch immer zustoßen können.«

★

Die Umweltschutzbehörde »beurlaubt« die Leiterin des Kindergesundheitsamtes, Dr. Ruth Etzel, und fordert die sofortige Übergabe von Ausweis, Schlüssel und Handy. Eine Anklage gegen Dr. Etzel, die sich im Bereich der Umweltgesundheit von Kindern einen Namen gemacht hat, liegt nicht vor. Man nimmt an, dass die Abteilung mit diesem Schritt bis zur Bedeutungslosigkeit geschwächt werden soll.

★

Das Heimatschutzministerium kündigt an, dass legale Einwanderer, die Sozialhilfe in Form von Lebensmittelmarken oder rezeptpflichtigen Medikamenten für Senioren erhalten, künftig keinen Anspruch mehr auf eine Green Card haben. Davon sind schätzungsweise bis zu 20 Millionen Kinder betroffen, die zu 90 Prozent US-Bürger sind. Darüber hinaus ist die 447-seitige Vorschrift (»Unzulässigkeit aus Gründen der Belastung [der sozialen Sicherungssysteme]«) bewusst so kompliziert gehalten, dass es selbst Einwanderer, die einen Anspruch auf diese Leistungen hätten, zweifellos davon abhalten wird, sie zu beantragen.

(Das Urteil ist das jüngste Werk von Stephen Miller, Trumps 33-jährigem Chefberater, der hinter dem Einreiseverbot für Muslime, der Trennung von Kindern und ihren Eltern an der Grenze und einer drastisch reduzierten Anzahl aufzunehmender Flüchtlinge steckt. Er hat neue Vorschriften und bürokratische Hindernisse geschaffen, um sämtliche Einwanderungsverfahren zu verlangsamen. Miller, der Steve Bannon, weißen Suprematisten und anderen Vertretern der Alt-Right-Bewegung eng verbunden ist, war der Verfasser von Trumps dystopischer Antrittsrede (»amerikanisches Gemetzel«) und maßgeblich an der Entlassung von James Comey, Rex Tillerson und anderen Beamten beteiligt. Er hat die öffentlich geführten internen Kriege im Weißen Haus gemieden, im Stillen aber Regierungsposten mit gleichgesinnten Ideologen besetzt. In der Regierung Trump ist er nach dem Präsidenten womöglich der zweitmächtigste Mann. Er ist bekannt dafür, nur selten E-Mails zu schreiben, um keine Spuren zu hinterlassen.)

★

In einem ungewöhnlichen Fernsehspot sprechen sich sechs Geschwister des republikanischen Kongressabgeordneten aus Arizona, Paul Gosar, für seinen demokratischen Gegner, Dr. David Brill, aus. Als Antwort darauf twittert Gosar: »Wie alle Linken stellen sie die politische Ideologie über die Familie. Stalin wäre stolz.« (Gosar, ein ehemaliger Zahnarzt, ist davon überzeugt, dass George Soros, jüdischer Überlebender des Holocaust, Neonazi-Gruppen finanziere und deren Kundgebung in Charlottesville persönlich mitorganisiert habe, um die Anti-Immigrationsbewegung in Verruf zu bringen. In jüngsten Umfragen liegt Gosar weit vor Brill.)

★

Senator Ted Cruz warnt die Texaner, dass die Demokraten künftig das Grillen verbieten würden, sollte sein Rivale, der charismatische, progressive Beto O'Rourke, gewählt werden. Dies beruht auf der Annahme, »Sozialisten« seien Vegetarier. (In den Präsidentschaftsvorwahlen 2016 hatte Cruz Trump als »krankhaften Lügner«, »wehleidigen Feigling« und »völlig unmoralisch« bezeichnet, nachdem Trump zum einen behauptet hatte, Cruz' Vater sei unmittelbar in die Ermordung von John F. Kennedy verwickelt gewesen, und zum anderen wiederholt erklärt hatte, Cruz' Ehefrau sei viel hässlicher als Melania, wobei er zum Vergleich sogar Fotos der beiden veröffentlicht hatte. In einem unerwartet knappen Rennen hat Cruz Trump jetzt angefleht, nach Texas zu kommen, um ihn im Wahlkampf zu unterstützen.)

★

Das Weiße Haus lässt Reportern gegenüber durchsickern, dass der stellvertretende Justizminister Rod Rosenstein, ein überzeugter Republikaner, der die Untersuchung im Fall Robert Mueller leitet, zurücktrete oder gefeuert worden sei. (Es war bekannt geworden, dass Rosenstein im Mai 2017, nur zwei Wochen nach seiner Ernennung und wenige Monate nach Trumps Amtsantritt, überlegt hatte, sich zu verwanzen, um seine Gespräche mit dem Präsidenten aufzuzeichnen; er hatte auch die Möglichkeit erörtert, Kabinettsmitglieder anzuwerben, um Trump unter Berufung auf den 25. Verfassungszusatz des Amtes zu entheben.) Wie sich herausstellt, handelt es sich hierbei um eine Erfindung des Präsidenten und von Bill Shine, früher Fox News, jetzt Kommunikationsdirektor im Weißen Haus, um die Aufmerksamkeit vom Kavanaugh-Skandal abzulenken. (Shine selbst war wegen der Vertuschung mehrerer Fälle sexueller Belästigung von Fox gefeuert worden.)

★

Bei einer Rede auf dem *Values Voter Summit* der evangelikalen Christen, dem »Gipfeltreffen der Werte-Wähler«, gibt Dr. Ben Carson, Minister für Wohnungsbau und Stadtentwicklung, der *Fabian Society* die Schuld an den Anwürfen gegen Kavanaugh: »Ihnen missfällt, was Amerika ist und wofür es steht, und sie wollen unser System ändern. Dazu müssen sie drei Dinge kontrollieren: das Bildungssystem, die Medien und die Gerichte. Die beiden ersten haben sie.« Jetzt aber seien sie »wie nasse Hornissen, sie drehen einfach völlig durch, und je weiter sie davon entfernt sind, die Gerichte zu kontrollieren, desto verzweifelter werden sie.« (Die *Fabian Society*, die in den USA kaum je existierte und dort zuletzt um 1905 gesichtet wurde, erwachte auf Verschwörungs-Webseiten der Alt-Right-Bewegung jüngst zu neuem Leben. Bewandert in der Geschichte des 19. Jahrhunderts, hat Dr. Carson auch erklärt, der Satan sei in Charles Darwins Herz eingedrungen und habe ihm die Idee der Evolutionstheorie eingegeben, um Gottes Wort zu untergraben.)

★

In Pennsylvania wird bekannt, dass der republikanische Gouverneursanwärter Scott Wagner im Sommer Wahlkampfgelder in Höhe von 631.000 Dollar durch erfolglose Investition in ein Maklerkonto verloren hat.

★

Die Umweltschutzbehörde EPA kündigt Pläne zur Auflösung ihres Wissenschaftlichen Beratungsbüros an, das die Forschung bei der Einhaltung von Gesundheits- und Umweltvorschriften berät. Wissenschaftliche Beraterin der Behörde ist derzeit Dr. Jennifer Orme-Zavaleta, eine Expertin für die Gefährdung der menschlichen Gesundheit durch Chemikalien, die seit 1981 für die EPA arbeitet. (Seit Trumps Amtsantritt wurden bei der EPA rund 1.600 Stellen gestrichen.)

★

Jeanine Pirro, eine von Präsident Trumps Lieblingsmoderatorinnen bei Fox News, unterbreitet die Theorie, dass die Demokraten Kavanaughs Anklägerin, Dr. Ford, hypnotisiert und ihr so diese unwahre Geschichte eingepflanzt haben könnten.

★

Präsident Trump fährt in einer der zwölf neuen Präsidenten-limousinen im Wert von 1,5 Millionen Dollar bei der UNO vor. Sie ist nach militärischen Standards gepanzert, gegen biochemische Angriffe geschützt und verfügt über dreizehn Zentimeter dicke, mehrschichtige Fenster. Die Türen sind so schwer wie die einer Boeing 757. Sie ist mit verschiedenen Waffen ausgestattet, darunter einer Schrotflinte und einer Tränengaskanone, einer »breiten Palette« an medizinischen Hilfsmitteln und einem Kühlschrank mit Ampullen der Blutgruppe des Präsidenten.

★

In einer Rede vor der UNO-Generalversammlung behauptet Präsident Trump, seine Regierung habe »mehr erreicht als beinahe jede andere Regierung in der Geschichte unseres Landes«. Die Delegierten brechen in Gelächter aus. »Wohl wahr«, antwortet er, und sie lachen noch lauter. (Auf Twitter kursiert sofort ein Trump-Tweet aus dem Jahr 2014: »Wir brauchen einen Präsidenten, der nicht zum Gespött der ganzen Welt wird. Wir brauchen eine wirklich große Führungspersönlichkeit, ein Genie in Sachen Strategie und Gewinnen. Respekt!«)

Bei Fox News sagt UNO-Botschafterin Nikki Haley: »Sie mögen seine Ehrlichkeit, als er das sagt. Es ist undiplomatisch, und sie finden es lustig. Ich meine, er ist aufrichtig, und sie sind davon irgendwie überrascht. (…) Ob er nun gut oder schlecht über sie redet, sie mögen, dass er ehrlich zu ihnen ist. So was haben sie noch nie erlebt, und deshalb wird er respektiert. Ja, die Medien haben versucht, das zu einer Respektlosigkeit umzudichten; aber das stimmt nicht. Sie sind sehr gern mit ihm zusammen.« (Haley wird häufig als zukünftige Präsidentschaftskandidatin der Republikaner genannt.)

★

Kavanaugh und seine Frau werden bei Fox News interviewt. Wiederholt leugnet er alle Anschuldigungen und meint enthüllen zu müssen, dass »ich weder in der High School noch viele Jahre danach Geschlechtsverkehr oder so etwas Ähnliches wie Geschlechtsverkehr hatte«. (Die Richter am Supreme Court halten sich – oder hielten sich, bis zur Amtszeit von Antonin Scalia – traditionell von der Parteipolitik und den Medien fern. Kein Anwärter hat jemals während des Nominierungsverfahrens Interviews gegeben, und es ist bezeichnend, wenn auch vorhersehbar, dass Kavanaugh Fox News einem der »neutraleren« Sender vorzieht.

Obwohl die Anschuldigungen wegen sexueller Gewalt glaubwürdig sind, belegen nun auch mehrere Berichte, dass Kavanaugh in der High School und auf dem College zweifellos ein betrunkener Flegel war. Es ist merkwürdig, dass er lieber alles leugnet, anstatt den üblichen amerikanischen Erlösungsweg einzuschlagen: »Ich war jung und unreif, doch als Erwachsener habe ich mein Leben guten Taten gewidmet, um für meine früheren Fehltritte zu büßen.« George W. Bush zum Beispiel gab offen zu, »oft auf Mösenjagd« gewesen zu sein und »eine Menge Whisky getrunken« zu haben, bevor er zu Gott fand. Hätte Kavanaugh wie Bush einfach gesagt, »als ich jung und leichtfertig war, war ich eben jung und leichtfertig«, wäre seine Bestätigung sicher gewesen.)

★

Präsident Trump behauptet, dass »China versucht hat, sich in unsere anstehenden Wahlen, im November 2018, gegen meine Regierung einzumischen. Sie wollen nicht, dass ich oder dass wir gewinnen, weil ich der erste Präsident bin, der China beim Handel herausfordert. Und wir gewinnen beim Handel. Wir gewinnen auf allen Ebenen. Wir wollen nicht, dass sie in unsere Wahlen hineinpfuschen oder sich einmischen.« Weder Trump noch seine Regierung haben Beweise für eine Einmischung Chinas vorgelegt.

★

Eine Studie der Iowa State University zeigt, dass die Bauern in Iowa durch den Handelskrieg eine Milliarde Dollar verlieren werden, und der CEO von Ford kündigt an, dass die Zölle auf Metall das Unternehmen zusätzlich eine Milliarde Dollar kosten werden. (Der Gouverneur von Washington hat gesagt, sein Bundesstaat werde 1,8 Milliarden Dollar verlieren, und die US-Handelskammer schätzt unter anderem folgende Verluste: Wisconsin: 1 Milliarde Dollar; Kentucky: 1,5 Milliarden Dollar; Pennsylvania: 1,7 Milliarden Dollar; Alabama: 2 Milliarden Dollar; Michigan: 2,3 Milliarden Dollar; Ohio: 3,3 Milliarden Dollar; Texas: 4 Milliarden Dollar. Mit Ausnahme von Washington stimmten alle diese Staaten 2016 für Trump.)

★

Nachdem der Schauspieler Bill Cosby zu drei bis zehn Jahren Gefängnis verurteilt worden ist, weil er eine Frau unter Drogen gesetzt und vergewaltigt hatte, sagt sein Sprecher: »Jesus wurde verfolgt, und was mit ihm passiert ist, weiß man ja.«

★

Während immer mehr Freunde und Bekannte Brett Kavanaughs aus der High School, dem College und dem Erwachsenenleben mit weiteren Geschichten von durchzechten Partynächten, sexueller Gewalt und sogar Gruppenvergewaltigungen auftauchen, sagt der republikanische Senator Lindsey Graham zu Kavanaughs Verteidigung: »Er ist nicht Bill Cosby.«

★

Bei den Vereinten Nationen gibt sich Präsident Trump in seiner ersten Pressekonferenz seit 587 Tagen als Mafia-Boss: »Ich habe in den letzten Tagen zu einigen Ländern gesagt, ich sagte, passen Sie mal auf, Sie sind ein sehr reiches Land. Wir beschützen Sie. Ohne unseren Schutz hätten Sie echte Probleme. Sie hätten echte Probleme. Ich habe gesagt, Sie sollten uns für diesen Schutz bezahlen.«

★

Präsident Trump sagt: »Wenn man sich Mr Pillsbury ansieht, die führende Autorität in Sachen China, er war neulich in einer guten Sendung – den Namen der Sendung werde ich nicht nennen –, und er sagte, dass China totalen Respekt vor Donald Trump hat und vor Donald Trumps sehr, sehr großem Hirn. Er sagte, Donald Trump, sie wissen nicht, was sie machen sollen – noch nie passiert. Na ja, eine Sache versuchen sie, sie versuchen, Leute dazu zu bringen, gegen Donald Trump anzugehen, denn ein gewöhnlicher, ein ganz normaler politischer Mensch, der keine Ahnung davon hat, was zum Teufel er da tut, würde China weiterhin erlauben, 500 Milliarden Dollar pro Jahr aus unserem Land abzuziehen, um ihr Land wieder aufzubauen.« (Michael Pillsbury, Autor von *The Hundred-Year Marathon: China's Secret Strategy to Replace America as the Global Superpower*,[†] ist regelmäßig bei Fox News zu Gast, wo er im August sagte, Trump sei »so schlau«, dass er »dreidimensionales Schach spielt«.)

★

Nachdem das Haus eines Anhängers des demokratischen Kongressabgeordneten Josh Gottheimer in New Jersey mit Hakenkreuzen und MAGA-Graffiti [Make America Great Again] verschandelt wurde, schreibt sein republikanischer Herausforderer John McCann auf Facebook: »Solche Aktionen passieren, wenn führende Demokraten wie Nancy Pelosi und Maxine Waters Hassbotschaften verbreiten.«

★

Einer der Kandidaten für die Wiederwahl auf bundesstaatlicher Ebene, ein Republikaner aus Minnesota, zieht sich aus dem Wahlkampf zurück, nachdem seine Tochter behauptet hat, er habe sie über Jahre immer wieder »unsittlich berührt«; ein Republikaner aus Washington, der nach mehreren Vorwürfen von Studentinnen wegen sexuellen Fehlverhaltens als Professor an einer örtlichen Universität gefeuert wurde, gelobt, im Rennen zu bleiben, ebenso ein Republikaner aus Tennessee, dem mehrere Frauen, deren Basketballtrainer er an der High School war, sexuelle Gewalt vorwerfen.

★

† Der hundertjährige Marathon: Chinas Geheimstrategie, Amerika als globale Supermacht abzulösen.

Laut einer neuen Umfrage sagen nur 24 Prozent der republikanischen Männer aus, dass es zu wenige Frauen in Führungspositionen gebe; 14 Prozent sagen aus, dass dies auf geschlechtsspezifische Diskriminierung zurückzuführen sei; 44 Prozent sagen aus, dass es in höheren Positionen keine Frauen gebe, weil Frauen kein Interesse daran hätten.

★

In einer aufwühlenden neunstündigen Anhörung, live verfolgt von weiten Teilen des Landes, hört der Justizausschuss des Senats die Aussagen von Christine Blasey Ford und Brett Kavanaugh. Dr. Ford, die erstmals öffentlich auftritt, entpuppt sich als die nette Nachbarin von nebenan, allerdings eine, die auch Psychologieprofessorin ist und über die Einschreibung von Erinnerungen im Hippocampus sprechen kann. Ihre hohe jugendliche Stimme und die Angewohnheit, sich einzelne Haarsträhnen aus dem Gesicht zu wischen, sind zunächst befremdlich, werden aber herzzerreißend, als sie von dem Übergriff erzählt: Der Erwachsenen entsteigt der Teenager, was die verbal wiedergegebene Szene noch lebendiger macht.

Die republikanischen Senatoren verhören sie nicht selbst – im Grunde weigern sie sich, direkt mit ihr zu sprechen – und überlassen ihre Fragezeiten einer Staatsanwältin für Sexualverbrechen aus Arizona, die der Mehrheitsführer im Senat, Mitch McConnell, als »eine Assistentin« bezeichnet. Die Staatsanwältin fragt nach winzigen Details in Fords Schilderung, eine akribische logische Abfolge, die ins Leere zu führen scheint, als sie erfolglos versucht, Ungereimtheiten zu entdecken. Ford beantwortet sämtliche Fragen und räumt bereitwillig Lücken in ihrer Erinnerung ein. Bisher unbekannt war, dass Ford mit ihrer Geschichte zunächst an ihre Kongressabgeordnete herangetreten war, als sie Kavanaughs Namen auf der Liste potenzieller Kandidaten entdeckte. Sie hielt es für ihre »staatsbürgerliche Pflicht«, die Behörden darauf hinzuweisen, dass es im Gegensatz zu den anderen »qualifizierten Kandidaten« bei Kavanaugh ernsthafte Probleme gebe. Damit entkräftet sie die Behauptung von republikanischer Seite, die Demokraten würden versuchen, jeden vom Präsidenten nominierten Kandidaten zu vereiteln.

Fords Aussage ist vollkommen überzeugend. Die Republikaner bewerten sie an diesem Morgen als Katastrophe. Sogar Präsident Trump gibt zu: »Ich fand ihre Aussage sehr überzeugend, und sie scheint mir eine ganz tolle Frau zu sein, ganz tolle Frau.«

Doch dann kommt der Nachmittag, und Kavanaugh erscheint. Bei seiner vorherigen Aussage vor dem Ausschuss war Kavanaugh zurückhaltend und »richterlich« gewesen; im Interview bei Fox News fast demütig. Jetzt wird er vom ersten Moment an zum stereotypen Trump-Wähler: der wütende weiße Mann als Opfer. Er schreit, weint in unerklärlichen Momenten, schneidet Grimassen, schnüffelt, macht seltsame Gesten mit der Zunge, trinkt ständig Wasser und streitet dabei alles ab, beklagt, dass sein guter Name und seine Familie ruiniert seien, und schiebt alles – für jemanden, der die Höhen des traditionell weit über der Alltagspolitik stehenden Supreme Court anstrebt, vielleicht am schockierendsten – auf eine linke Verschwörung, die ihn vernichten will: »Die ganzen letzten zwei Wochen waren ein kalkulierter und orchestrierter politischer Schlag, angeheizt von offenkundig aufgestauter Wut über Präsident Trump und die Wahl 2016, Angst, die zu Unrecht über meine Bilanz als Richter geschürt wurde, Rache im Namen der Clintons und Millionen Dollar und Geld von externen linken Oppositionsgruppen. Das hier ist ein Zirkus.«

Durch Kavanaugh ermutigt, verzichten die Republikaner ab jetzt auf Fragen der Staatsanwältin – deren strikt sachliche Fragen zu falschen Antworten und späteren Anklagen wegen Meineids führen könnten – und verschärfen die Rhetorik mit hochtrabenden Reden über die gravierende Ungerechtigkeit des Ganzen. Bei der Befragung durch die Demokraten ist Kavanaugh gereizt, patzig, unverhohlen feindselig und lügt immer wieder bei Kleinigkeiten, etwa der Sprache in seinem High-School-Jahrbuch. Die Schilderungen ehemaliger Klassenkameraden, die ihn als streitlustigen und unausstehlichen Säufer charakterisiert hatten, werden ungewollt plastisch veranschaulicht.

Donald Trump jr. twittert: »Ich liebe Kavanaughs Ton. Es ist schön zu sehen, wie ein konservativer Mann für seine Ehre und seine Familie kämpft.« Die demokratische Senatorin Amy Klobuchar – die von Kavanaugh höhnisch gefragt wurde, ob *sie* Bier getrunken und Filmrisse gehabt habe – sagt später: »Wäre er Richter in einem Gerichtssaal und ich hätte mich so verhalten (…), er hätte mich rausgeworfen.«

Psychologen weisen später darauf hin, dass es sich bei Kavanaughs Verhalten um die typische Taktik von Sexualstraftätern handelt, die als DARVO [*Deny, Attack, and Reverse Victim and Offender*] bekannt ist: das eigene Verhalten leugnen, die beschuldigende Person attackieren und die Rollen von Opfer und Täter verkehren. Andere sagen, dass Filmrisse – der teilweise oder vollständige Gedächtnisverlust aufgrund von übermäßigem Alkoholkonsum (»Habe ich das gestern Nacht getan?« »Wie sind wir dort gelandet?«) – häufig vorkommen und es gut möglich sei, dass Kavanaugh sich wirklich nicht daran erinnern kann, Ford tätlich angegriffen zu haben.

★

Die amerikanische Anwaltskammer (die Kavanaugh zuvor die Bestnote gegeben hatte), der Dekan der Yale Law School (an der Kavanaugh studierte) und viele andere fordern, die Ernennung aufzuschieben, bis das FBI die Vorwürfe von Ford und anderen untersuchen könne. Gleichwohl legt Chuck Grassley, der knurrige, über 80-jährige Vorsitzende des Ausschusses, die Abstimmung für den folgenden Tag fest. Senator Lindsey Graham erklärt: »Frau Ford hat ein Problem, und dieses Problem wird sie nicht dadurch lösen, dass sie das Leben von Richter Kavanaugh zerstört.«

★

Im Rahmen der »Energie-Dominanz«-Agenda der Regierung Trump treibt die Aufsichtsbehörde für Sicherheit und Umweltschutz BSEE mit der Behauptung, die Richtlinien aus der Ära Obama stellten für die Unternehmen eine unnötige Belastung dar, die Abschaffung von Sicherheitsvorschriften für Offshore-Öl- und -Gasförderplattformen voran. (Die Regelungen wurden nach der Katastrophe auf der BP-Bohrinsel

»Deepwater Horizon« und der anschließenden Ölpest von 2010 eingeführt.)

★

Ein Unterausschuss des Repräsentantenhauses verabschiedet vier republikanische Gesetze zur Schwächung des seit Jahrzehnten unveränderten *Endangered Species Act* (ESA), dem Gesetz zum Schutz bedrohter Arten. Die Titel dieser Gesetze lauten: *Weigh Habitats Offsetting Locational Effects Act* (WHOLE), *Endangered Species Reasonableness and Transparency Act*, *Ensuring Meaningful Petition Outreach While Enhancing Rights of States Act* (EMPOWERS) sowie *Providing ESA Timing Improvements That Increase Opportunities for Nonlisting Act* (PETITION).[†]

★

Nach einer schnell im Internet kursierenden Begegnung in einem Aufzug mit zwei Frauen, die selbst sexuelle Gewalt erlebt haben, kündigt Senator Jeff Flake an, er werde im Ausschuss dafür stimmen, das Nominierungsverfahren an den Senat zu übergeben. Dort aber werde er erst nach einer FBI-Untersuchung für die Ernennung Kavanaughs stimmen. Da die Republikaner im Senat nur eine Mehrheit von 51 zu 49 Stim-

---

[†] Gesetz zur Abwägung von Lebensräumen unter Anrechnung standortlicher Auswirkungen; Gesetz zur Angemessenheit und Transparenz in Bezug auf gefährdete Arten; Gesetz zur Gewährleistung eines sinnvollen Einsatzes von Petitionen bei gleichzeitiger Stärkung der Rechte der Bundesstaaten; Gesetz zur Verbesserung der ESA-Zeitplanung, welche die Chancen auf Nicht-Eintragung erhöht.

men haben, sind sie auf die Stimmen von Flake und anderen unentschlossenen Republikanern angewiesen und müssen einlenken. Mitten in einem verfahrenstechnischen Durcheinander vertagt der Vorsitzende Grassley die Sitzung abrupt und wütend. (Als einer der wenigen Republikaner hat Flake, der bei den Wahlen nicht wieder antritt, Trump offen kritisiert, bei allen Gesetzen der Ära Trump jedoch konsequent mit den Republikanern gestimmt.)

*

Der 28. September ist landesweit der Tag der guten Nachbarschaft sowie der Tag des Biertrinkens. (In seiner Aussage erwähnte Kavanaugh, der Berichte über seinen Alkoholismus zurückwies, Bier dreißig Mal: »Ich mochte Bier. Ich mag immer noch Bier.«)

*

Das Zentrum für Seuchenkontrolle CDC erklärt, Selbstmord sei heute die zehnthäufigste Todesursache in den USA und nehme weiter zu: »Selbstmord – in allen Altersgruppen, außer bei kleinen Kindern und Senioren – ist eine der wenigen Erkrankungen, die sich landesweit eher verschlechtern als verbessern.«

*

Wie zur Bestätigung der seltsamen und beispiellosen Feindseligkeit Präsident Trumps gegenüber Kanada (»seit vielen Jahren nutzen sie unser Land aus!«) fallen die hyperaggressiven kanadischen Strandkrabben über die Küste von Maine her und verschlingen Sandklaffmuscheln, Austern, nahrhaftes

Seegras, Hummer (die sie in Gruppen angreifen), die passiveren amerikanischen Strandkrabben – und einander, wenn es nichts mehr zu fressen gibt. Eine kanadische Strandkrabbe kann pro Jahr 175.000 Eier legen, und ihre Ausrottung gilt als unmöglich.

19.–28. September 2018

Nachtrag (Zehn weitere Tage)

Bei einer Kundgebung in Mississippi verspottet Präsident Trump Dr. Ford mit weinerlicher Stimme:

»Wie sind Sie nach Hause gekommen?«
»Das weiß ich nicht mehr.«
»Wie sind Sie hingekommen?«
»Das weiß ich nicht mehr.«
»Wo war das?«
»Das weiß ich nicht mehr.«
»Vor wie vielen Jahren war das?«
»Weiß ich nicht. Weiß ich nicht. Weiß ich nicht.«

Die Menge antwortet: »Sperrt sie ein!«

Bei ihrer ersten Pressekonferenz seit vielen Wochen sagt die Pressesprecherin des Weißen Hauses, Sarah Huckabee Sanders, zu den Reportern: »Der Präsident hat die Fakten dargelegt.«

Weitere Klassenkameraden und Freunde Kavanaughs tauchen mit weiteren Geschichten über studentische Saufgelage und Ähnliches auf, darunter eine Kneipenschlägerei, bei der er von der Polizei verhört wurde. Ein Brief in Sachen »Strandwoche«, den er per Hand an seine Kumpel schrieb, taucht auf mysteriöse Weise auf: »Warnt die Nachbarn, dass wir laute, widerliche Säufer sind, darunter auch ergiebige Kotzer.« Und: »Ich denke, wir sind uns einig, dass alle Mädchen, die wir zum Bleiben bewegen können, mit offenen ... empfangen werden« [seine Auslassung]. (»Strandwoche« war einer der Einträge in Kavanaughs Kalender, den er vor dem Justizausschuss des Senats gezeigt hatte, um nachzuweisen, dass die Tage seiner Jugend mit Studium, Sport und kirchlichen Aktivitäten voll ausgefüllt waren.)

Schlimmer noch, Kommilitonen aus Yale behaupten, dass Kavanaugh sie kontaktiert habe, um die Vorwürfe von Deborah Ramirez zu entkräften, und zwar Wochen bevor ihre Anschuldigungen in einem Artikel im *New Yorker* erschienen. (Kavanaugh hatte unter Eid ausgesagt, er habe erst durch den Artikel von den Vorwürfen erfahren.) Eine Aktivistengruppe, *Demand Justice*, stellt zu Kavanaughs Aussage vor dem Justizausschuss eine Liste mit 31 Fällen von Meineid zusammen. Mehr als 2.600 Juraprofessorinnen und -professoren unterzeichnen ein Schreiben, in dem es heißt, Kavanaugh habe »einen Mangel an richterlichem Temperament gezeigt, der für jedes Gericht und ganz sicher für die Berufung an das höchste Gericht des Landes disqualifizierend wäre«. Die Harvard Law School lehnt es ab, ihn wieder als Dozenten einzuladen. Robert Post, der ehemalige Dekan der Yale Law School, schreibt,

Kavanaugh schüre »das Feuer wütender Parteienkämpfe und männlichen Anspruchsdenkens«: »Solange Kavanaugh dem Gericht angehört, wird er ein Symbol für die zornigen Parteienkämpfe bleiben, eine eindringliche Mahnung, dass sich hinter dem lächelnden Gesicht richterlicher Güte die Wucht eines unbedingten Willens zur Macht verbirgt. Wer die Wucht dieses Zorns zu spüren bekommen hat, kann nicht einen Moment daran glauben, dass Kavanaugh tatsächlich ein unvoreingenommener und unparteiischer Richter sein wird.«

Die amerikanische Anwaltskammer stellt klar, dass man 2006 »aufgrund neuer Bedenken Mr Kavanaughs Auftreten und Aufrichtigkeit betreffend« seine Bewertung von »gut qualifiziert« auf »qualifiziert« herabgestuft habe. John Paul Stevens, einst von den Republikanern ernannter und inzwischen pensionierter Richter am Supreme Court, sagt, Kavanaughs Auftritt bei den Anhörungen »hätten ihn disqualifizieren müssen«.

Präsident Trump bezeichnet diejenigen, die Einwände gegen die Nominierung erheben, als »wirklich böse Leute«. Der Mehrheitsführer im Senat, Mitch McConnell, sagt: »Es gibt nicht den Hauch einer Chance, dass sie uns Angst einjagen und davon abhalten, unserer Pflicht nachzukommen.«

Kavanaugh (oder sein Presseteam) schreibt für das *Wall Street Journal* einen Kommentar mit der Überschrift »Ich bin ein unabhängiger, unparteiischer Richter«: »Letzten Donnerstag war ich sehr emotional, so emotional wie nie zuvor. Vielleicht war ich manchmal zu emotional. (…) Ich hoffe, alle können

verstehen, dass ich als Sohn, Ehemann und Vater dort war.«
(Andere mögen geglaubt haben, er sei als Anwärter auf das
Richteramt dort gewesen.)

Präsident Trump sagt: »Es ist eine sehr beängstigende Zeit für
junge Männer in Amerika, wenn man Schuld an etwas haben
kann, an dem man vielleicht nicht Schuld hat.« Auf die Frage, welche Botschaft er jungen Frauen in Amerika mitgeben
wolle, antwortet er: »Den Frauen geht es bestens.« Er führt es
nicht näher aus.

Der Vorsitzende Grassley erklärt, weshalb es im Justizausschuss des Senats keine republikanischen Frauen gebe: »Es ist
eine Menge Arbeit – vielleicht wollen sie das nicht.«

★

Unterdessen beschreibt die *New York Times* in einem außerge-
wöhnlich langen Bericht ausführlich jahrzehntelange »dubiose
Steuerregelungen (…), einschließlich Fälle von regelrechtem
Betrug« durch die Familie Trump. Im Gegensatz zu Trumps
immergleicher Geschichte davon, wie er ein Darlehen seines
Vaters in Höhe von einer Million Dollar in Milliarden verwan-
delte, berichtet die *Times*, dass er von seinem Vater über viele
Jahre hinweg mindestens 413 Millionen Dollar erhalten habe.
Im Alter von drei Jahren erhielt Little Donald ein jährliches
»Gehalt« von 200.000 Dollar; mit acht war er Millionär.

★

Präsident Trump sagt, die Aussage von Dr. Ford sei »ein von den
Demokraten inszenierter Schwindel. (…) Es war alles erfunden,

es war fingiert, und es ist eine Schande.« (Dr. Ford hatte ihrem Ehemann und ihrem Therapeuten Jahre zuvor von dem Übergriff erzählt.) Senator Graham sagt über Dr. Ford: »Das passiert, wenn man mit einer 100-Dollar-Note durch einen Trailer Park spaziert.« Dann gibt er den Clintons die Schuld.

Von Trump und Grassley befördert, wird in republikanischen Kreisen darüber geredet, dass die Tausenden Demonstranten in Washington allesamt von George Soros bezahlte »Profis« seien, die, so Trump, »nur die Senatoren schlecht aussehen lassen wollen. Fallt nicht darauf rein!« Der Anwalt des Präsidenten, Rudolph Giuliani, retweetet diese Botschaft: »Folgt dem Geld. Ich glaube, Soros ist der Antichrist! Er muss gehen! Friert sein Vermögen ein & ich wette, die Proteste hören auf.«

★

Inzwischen hat die Bundessteuerbehörde IRS das *National Policy Institute*, eine Gruppierung weißer Suprematisten und Antisemiten unter Führung Richard Spencers, der Neonazi-Kreisen nahesteht und den Begriff »Alt-Right« geprägt hat, wieder von der Steuerpflicht befreit.

★

Auf strikte Anweisung des Weißen Hauses spricht das FBI nur mit sechs Personen, die mit den Vorwürfen gegen Kavanaugh in Verbindung stehen, und ignoriert mindestens vierzig weitere potenzielle Informanten, von denen einige erfolglos versucht hatten, Kontakt zum FBI aufzunehmen, während andere eidesstattliche Erklärungen eingesandt hatten. Kavanaugh wird ebenso wenig befragt wie Dr. Ford, trotz ihres wiederholten Angebots zur Kooperation. Es gibt nur eine geheime Kopie des Abschlussberichts, welche die Senatoren jeweils nur einzeln begutachten dürfen. Es ist ihnen verboten, Notizen zu machen oder etwas von dem Gelesenen zu verraten. Senator Grassley sagt: »Es steht nichts drin, was wir nicht schon wussten. (…) Es ist Zeit abzustimmen.«

Die Aufmerksamkeit richtet sich auf einige wenige unentschlossene »gemäßigte« Senatoren. Am Ende lautet ihre übereinstimmende Meinung, dass Dr. Ford vermutlich tätlich angegriffen wurde, jedoch nicht von einem so aufrechten Bürger. Die republikanische Senatorin Susan Collins sagt: »Ich glaube, dass sie glaubt, was sie ausgesagt hat.« Unvorstellbarerweise fügt sie hinzu: »Das einzig Gute, das daraus hoffentlich folgt, ist, dass jetzt mehr Frauen Anzeige erstatten, wenn sie tätlich angegriffen werden.« Dr. Ford und ihre Familie werden noch immer von privaten Leibwächtern beschützt und können nicht nach Hause zurückkehren.

Brett Kavanaugh wird mit 50:48 Stimmen gewählt, dem knappsten Ergebnis aller Kandidaten für den Supreme Court seit 1881. Auf Fox News feiern die Kommentatoren und stoßen mit Bud Light an, Kavanaughs Lieblingsbier.

Präsident Trump twittert: »Die bezahlten Protestler in D.C. sind jetzt bereit, WIRKLICH zu protestieren, weil sie ihre Schecks nicht erhalten haben – mit anderen Worten, sie wurden nicht bezahlt! Die Schreihälse im Kongress und davor waren viel zu leicht zu erkennen – weniger professionell, als diejenigen erwartet haben, die sie bezahlen (oder nicht bezahlen)!«

★

Unterdessen schwächt die Umweltschutzbehörde die Vorschriften für Quecksilber ab und unternimmt Schritte, Vorschriften zur Strahlenbelastung abzuschwächen, einschließlich Atommüll. Bei Letzteren folgt man den Empfehlungen eines Toxikologen namens Edward Calabrese, der sagt, dies werde »sich positiv auf die menschliche Gesundheit auswirken«. Calabrese zufolge dienen kleine Strahlenbelastungen und andere Karzinogene als »Stressoren«, welche die Reparaturmechanismen des Körpers aktivieren und die Menschen gesünder machen.

★

Laut einer Umfrage des Senders CNN am 8. Oktober glaubt die Mehrheit der Amerikaner den Anklägerinnen statt Kavanaugh (52:38) und meint, dass er als Richter parteiisch sein wird (56:36) und nicht hätte ernannt werden dürfen (51:41).

(Dies spiegelt die Mehrheitsmeinung / Minderheitenregelung in den meisten Fragen wider, einschließlich Waffengesetze, Krankenversicherung und reproduktive Rechte. Trump verlor die Wahl mit rund drei Millionen Stimmen. Im Senat mit seiner archaischen Zusammensetzung von zwei Senatoren pro Bundesstaat, unabhängig von der Einwohnerzahl, repräsentiert die republikanische Mehrheit etwa 143 Millionen Menschen, die demokratische Minderheit etwa 182 Millionen, das sind 2,8 Millionen Menschen je republikanischem Senator und 3,7 Millionen je demokratischem Senator. Bei den Wahlen zum Repräsentantenhaus 2016 entfielen insgesamt 63.164.365 Stimmen auf die Republikaner, 61.750.858 auf die Demokraten, oder 50,6 zu 49,4 Prozent. Hauptsächlich dank des *Gerrymanderings*, der Manipulation von Wahlkreisgrenzen, liegt das tatsächliche Verhältnis bei 55,4 zu 44,6 Prozent.

Mit der Übernahme des Supreme Court erscheint die Zerstörung der institutionellen Demokratie in den USA nahezu abgeschlossen. Dies begann lange vor Trump und zeigte sich vielleicht am schamlosesten 2016, als Mitch McConnell damit prahlte, es sei »einer meiner stolzesten Momente« gewesen, »als ich Barack Obama in die Augen sah und sagte: ›Herr Präsident, Sie werden den vakanten Posten am Obersten Gerichtshof nicht besetzen.‹« Bekanntlich verweigerte sich McConnell entgegen allen Präzedenzfällen neun Monate lang sogar einer ersten Anhörung von Merrick Garland, einem hervorragend qualifizierten, zweifellos gemäßigten Richter. Die Tatsache, dass Trump jetzt so viele Posten an unteren Instanzen neu besetzt – mehr Berufungsrichter als die letzten fünf Präsidenten –, ist weitgehend auf McConnells Behinderung von Obamas Kandidaten zurückzuführen. Ein kaum überraschender Aspekt der Ernennung Kavanaughs ist, dass, abgesehen von den drei zeitweilig unentschlossenen Senatoren, die vor allem die Vorwürfe sexueller Gewalt bedachten, es niemand für nötig hielt, die übrigen 48 Republikaner zu fragen, ob der Supreme Court ihrer Meinung nach zumindest im Prinzip über der Parteipolitik stehen sollte.)

★

An Brett Kavanaughs erstem Tag als Richter wies der Supreme Court eine Berufung gegen ein Urteil zurück, das Kavanaugh selbst 2017 als Berufungsrichter verfasst hatte. Kavanaugh hatte entschieden, dass die EPA dem Gesetz zur Luftreinhaltung nach keine Befugnis habe, eine Vorschrift der Regierung Obama zur Regulierung von Fluorkohlenwasserstoffen, ozonabbauenden Industriechemikalien, durchzusetzen. (So also beginnt es.)

8. Oktober 2018

Ein Sommer
in Amerika

In den Konzentrationslagern für Migrantenkinder schlafen sie auf dem Betonboden mit nur einer Decke, häufig aus Polyester. Es ist so beengt, dass die größeren Kinder versuchen, im Stehen zu schlafen, damit sich die kleineren ausstrecken können. Das Licht brennt rund um die Uhr. Sie tragen die Sachen, in denen sie gekommen sind, vor Tagen, Wochen, Monaten. Nur selten haben sie Seife und Zahnbürsten oder können duschen. Für die Säuglinge und Kleinkinder, die man ihren Eltern weggenommen hat, gibt es kaum einmal Windeln. Manche sind gerade fünf Monate alt. In einem Lager sind fünfhundert Kinder in einer fensterlosen Lagerhalle eingepfercht. In anderen sind sie hinter einem Maschendrahtzaun eingesperrt. In manchen Lagern gibt es keine warme Mahlzeit. Es gibt Fälle von Windpocken, Grippe, Masern, Krätze und Mumps, manche haben Läuse. In diesem Jahr sind, soweit bekannt, sieben Kinder gestorben.

★

In den Konzentrationslagern für die Erwachsenen tragen sie die Sachen, in denen sie gekommen sind; es gibt keine Duschen. Es riecht so schlimm, dass die dort Arbeitenden häufig eine Maske tragen und den Gestank mitnehmen, wenn sie in die Stadt gehen. In manchen besteht das einzige Essen aus

Fleischwurst-Sandwiches oder verdorbenen Sachen, sodass die Insassen erkranken. In einem Lager, das für 125 vorgesehen ist, sind 900 Menschen eingesperrt; in Zellen für 35 sitzen 155. Sie können sich nicht hinlegen. Sie werden gedrängt, Schriftstücke auf Englisch zu unterschreiben, die sie nicht lesen können. Fließend Wasser in der Zelle liefert nur die eine offene Toilette, auf der man vor allen Leuten seine Notdurft verrichtet.

★

Der Leiter einer immigrantenfeindlichen Gruppe, der *Federation for American Immigration Reform*, sagt, die Regierung »will nicht, dass man sich in der Haft wie im Club Med fühlt«.

★

An jedem beliebigen Tag werden in den Lagern der Einwanderungs- und Zollbehörde ICE mindestens 50.000 Erwachsene festgehalten, mindestens 20.000 vom Amt für Zoll und Grenzschutz und zwischen 11.000 und 14.000 Kinder unter 18 unter der Aufsicht des Amts für Flüchtlingsumsiedlung. (An ihrem 18. Geburtstag werden sie der ICE überstellt.)

ICE-Lager gibt es in jedem Staat. Insgesamt sind es rund 1.500, dazu viele hundert Zuchthäuser, Gefängnisse und Hotels, mit denen die Behörde Verträge abgeschlossen hat. Unter den Inhaftierten sind solche, die kürzlich illegal in die USA eingereist sind, solche, die ihr Visum überzogen haben, solche, die seit vielen Jahre ohne Papiere im Land leben, und solche, die ihren Rechtsanspruch auf Asyl geltend machen. (Gemäß einer kürzlich erlassenen Anordnung der Regierung wurden

198

Zehntausende Asylsuchende nach Mexiko zurückgeschickt, wo sie die Monate oder Jahre bis zur Bearbeitung ihres Falles ausharren müssen.) Rund 70 Prozent der von der ICE Inhaftierten sind in Lagern, die von profitorientierten Firmen betrieben werden. Zwei davon, die GEO Group und CoreCivic, haben Verträge über zusammengenommen beinahe einer Milliarde Dollar pro Jahr. Das größte Kinderlager – das Homestead in South Florida – wird von einem Militärunternehmen betrieben, Caliburn International, das ebenfalls profitorientiert ist. Der immigrantenfeindliche Fanatiker John Kelly – der zu seiner Zeit als Stabschef als der einzige »Erwachsene« im Weißen Haus galt – trat gleich nach Verlassen der Regierung dem Vorstand von Caliburn bei.

★

In einem Fernsehinterview mit Vizepräsident Pence zitiert der Journalist aus einem Artikel über die Lager, in dem die Kinder als »schmutzig« beschrieben werden: »Sie schlafen auf dem kalten Fußboden, sie kümmern sich umeinander, weil die Wärter es nicht tun.« Er sagt: »Ich kenne Sie. Sie sind Vater, Sie sind gläubig. Das können Sie doch nicht gutheißen.« Pence antwortet: »Also, kein Amerikaner, kein Amerikaner sollte diesen massenhaften Zustrom von Leuten gutheißen, die unsere Grenze überqueren.« Pence behauptet, als er ein Lager besucht habe, »haben wir mit fröhlichen Kindern gesprochen, die fernsahen und Snacks aßen«.

★

Bei seinem Staatsbesuch in Großbritannien und Frankreich zum Gedenken an die Landung in der Normandie muss der

Präsident zu seiner Bestürzung erkennen, dass Fox News nicht zu empfangen ist; er ruft die Amerikaner zum Boykott eines amerikanischen Unternehmens auf: AT&T, dem CNN gehört. In seiner ersten Nacht dort wacht er morgens um halb zwei auf, um zu twittern, dass die 73-jährige Schauspielerin Bette Midler eine »abgehalfterte Psychopathin« sei.

Der Präsident bezeichnet die Massenproteste gegen seinen Besuch in London als »Fake News«: »Ich habe gehört, es hat Proteste gegeben. Ich habe gesagt, wo sind die Proteste? Ich sehe keine Proteste.« In der Sendung *Fox & Friends* wird den Zuschauern versichert, die Buhrufe, die zu hören waren, als Ivanka Trump Downing Street Nr. 10 verließ, hätten nicht ihr gegolten, sondern dem nationalen Sicherheitsberater John Bolton, »und dem gefällt das«.

Der Präsident schwärmt: »Das Treffen mit der Königin war unglaublich. Ich glaube, ich kann sagen, ich habe sie echt kennengelernt, weil ich oft mit ihr zusammengesessen habe und die Chemie zwischen uns automatisch stimmte. Sie verstehen, welches Gefühl ich meine. Ein gutes Gefühl. Aber das ist eine spektakuläre Frau. (…) Manche sagen, sie haben die Königin nie besserer Laune gesehen.« Später hängt er eine Fotografie von sich mit der Königin vors Oval Office, neben das von sich mit Kim Jong-un.

★

In einem Interview in der Normandie ignoriert der Präsident die Gedenkfeierlichkeiten und redet lieber über Nancy Pelosi, die Sprecherin des Repräsentantenhauses: »Sie ist eine gemeine, rachsüchtige, grässliche Person. (...) Ich nenne sie immer *Nervous Nancy*. Nancy Pelosi spricht nicht darüber. Nancy Pelosi ist eine Katastrophe, ok? Sie ist eine Katastrophe, und lasst sie machen, was sie will. (...) Ich sag Ihnen, wie sie heißt, nämlich *Nervous Nancy*, weil sie ein Nervenbündel ist.« Fünfzehn andere Staatsoberhäupter unterzeichnen die D-Day-Proklamation pflichtgemäß unten, der Präsident schreibt seinen Namen jedoch oben auf die Seite.

★

Eine bekannte Zeitschriftenkolumnistin, E. Jean Carroll, beschreibt plastisch, wie Donald Trump sie in den neunziger Jahren vergewaltigt hat. Der Präsident bestreitet, sie zu kennen, aber als Fotos von beiden zusammen in Gruppen bei gesellschaftlichen Anlässen vorgelegt werden, sagt er: »Es ist nicht passiert. Sie ist nicht mein Typ. Ich sage das mit dem größten Respekt: Nummer eins, sie ist nicht mein Typ. Nummer zwei, es ist nicht passiert. Es ist nicht passiert, ok?«

★

Die Welt ist entsetzt über ein weit verbreitetes Foto von Óscar Alberto Martínez Ramírez aus El Salvador und seiner 23 Monate alten Tochter Angie Valeria, die beide mit dem Gesicht im Schlamm liegen; sie sind bei dem Versuch ertrunken, den Rio Grande zu durchschwimmen, um Asyl zu erhalten. Der Präsident sagt dazu: »[Die Demokraten] wollen offene Grenzen, und offene Grenzen bedeuten Verbrechen, und offene Grenzen bedeuten, dass Leute in den Flüssen ertrinken, und das ist sehr gefährlich.«

★

Beim G20-Gipfel in Japan, wo Ivanka Trump bei jedem Treffen neben dem Präsidenten sitzt, fragt ein Reporter den Präsidenten, ob er Wladimir Putin noch sagen werde, er solle sich »nicht in die Wahl 2020 einmischen«. Lachend wendet er sich Putin zu. »Mischen Sie sich nicht in die Wahl ein, Mr President. Mischen Sie sich nicht in die Wahl ein«, sagt er und droht ihm schelmisch mit dem Finger. Putin lächelt.

Die Franzosen veröffentlichen listigerweise ein Video, in dem Ivanka gestenreich versucht, sich an einem Gespräch zwischen Emmanuel Macron, Justin Trudeau, Theresa May und einer grimassierenden Christine Lagarde zu beteiligen. Es wird berichtet, dass ein »Freundschaftsbaum«, den Macron Monate zuvor Trump geschenkt hat und den beide in einer Zeremonie auf dem Rasen des Weißen Hauses als Symbol der Bande zwischen Frankreich und den USA gepflanzt haben, gleich danach eingegangen ist.

★

Vor dem Auftritt des Präsidenten im Marinestützpunkt Yokosuka wird der Zerstörer *USS John S. McCain* vor ihm verborgen. Der Name wird mit Planen abgedeckt, und die Besatzung des Schiffs, deren Uniformen dessen Insignien tragen, dürfen der Rede des Präsidenten nicht beiwohnen. Trumps Hass auf McCain hat sich mit dem Tod des Senators nicht gelegt, ebenso wenig wie seine tägliche Beschäftigung mit Obama und Hillary Clinton, noch lange nach der Wahl.

★

Bei einem unangekündigten Besuch in der entmilitarisierten Zone Koreas, der auch ein paar Schritte mit Kim Jong-un hinüber auf nordkoreanisches Gebiet einschließt, bringt der Präsident neben Ivanka auch einen seiner liebsten Fox-Moderatoren mit, Tucker Carlson. Carlson sagt über Nordkorea: »Natürlich ist es dort ganz übel. Man kann das also nicht verteidigen. Andererseits muss man ehrlich sehen, was es bedeutet, ein Land zu führen. Es bedeutet, Leute zu töten.«

★

Zwei große Hotelketten geben bekannt, dass sie der ICE nicht gestatten, verhaftete Familien in ihren Häusern unterzubringen, wie von der ICE geplant. Marriott International sagt: »Unsere Hotels sind nicht dafür eingerichtet, Haftanstalten zu sein.« Choice Hotels (Comfort Inn, Sleep Inn und Econo Lodge) sagt: »Wir möchten, dass unsere Vertragshotels nur für ihren vorgesehenen Zweck benutzt werden, nämlich Reisenden ein freundliches Hotelzimmer bereitzustellen.«

Es ist geplant, Fort Sill, Oklahoma – im Zweiten Weltkrieg ein Internierungslager für Japanisch-Amerikaner – zu einem Konzentrationslager für 1.400 Kinder umzubauen.

★

Die Gesamtschulden der US-amerikanischen Studenten belaufen sich auf 1,52 Trillionen Dollar, verteilt auf 44,2 Millionen Personen. Die gesamten Kreditkartenschulden betragen über eine Trillion Dollar, verteilt auf 128 Millionen Haushalte. Vierzig Prozent der Amerikaner haben weniger als 400 Dollar Ersparnisse, auf die sie im Notfall zurückgreifen können.

★

Ivanka Trump und Jared Kushner geben für 2018 ein Einkommen von 135 Millionen Dollar an. Ivanka hat knapp 4 Millionen Dollar am Trump International Hotel in Washington verdient, das, wenig überraschend, bei Regierungsbeamten und Lobbyisten, Führungskräften von Unternehmen und Diplomaten, die sich damit anbiedern wollen, beliebt geworden ist. Es wird bekannt, dass Cadre, eine Immobilienfirma, deren Miteigentümer Kushner ist, seit dessen Einzug ins Weiße Haus von ungenannten Investoren mit Konten auf den Cayman Islands über 90 Millionen Dollar erhalten hat.

★

Die Regierung beabsichtigt, die Berechtigungsregeln für das staatliche Lebensmittelhilfe-Programm SNAP so zu ändern, dass drei Millionen Menschen von deren Essensmarken ausgeschlossen werden. Auch werden eine halbe Million arme Kinder um ein kostenloses Schulessen gebracht.

★

Die Bundesregierung hat Southwest Key Programs, einer gemeinnützige Organisation, in den letzten zehn Jahren für die Betreibung von Konzentrationslagern für Kinder fast 1,9 Milliarden Dollar überwiesen; gegenwärtig werden viertausend Kinder in 24 Lagern festgehalten. Der Leiter von Southwest Key erhielt im vergangenen Jahr ein Gehalt von 3,6 Millionen Dollar, seine Frau 500.000, eine dritte Führungskraft erhielt eine Million Dollar. (Der Direktor des amerikanischen Roten Kreuzes hat ein Jahresgehalt von 686.000 Dollar.)

In einem Lager trifft eine Besuchsgruppe von Juristen auf drei Mädchen, die sich um einen zweijährigen Jungen kümmern, »der sich in die Hose gemacht und keine Windel hatte und ein schleimverschmiertes Hemdchen trug«. Die Mädchen sagten, der Junge sei ihnen von einem Grenzbeamten übergeben worden, der in ihre Zelle kam und fragte: »Wer will sich um den kleinen Jungen da kümmern?«

★

Der Juni ist der heißeste Juni seit Beginn der Wetteraufzeichnungen. Während der Hitzewelle in Alaska verenden Massen von Lachsen an Herzinfarkt wegen der Anstrengung, im warmen Wasser zu überleben.

★

Die Feierlichkeiten zum Vierten Juli auf der Mall in Washington, D.C., ist traditionell ein unpolitisches Ereignis, dem der Präsident nicht beiwohnt. In diesem Jahr macht Trump daraus einen »Gruß an Amerika« samt Militärparade – angeregt von einer, die er in Frankreich persönlich miterlebt hat, und den Paraden in Russland, China und Nordkorea, die er im Fernsehen gesehen hat – und einer Rede an die Nation. Besonders wichtig ist ihm eine Panzerparade, doch die Straßen der Stadt sind dafür nicht geeignet, also werden sie auf Tiefladern hergefahren und um das Podium herum geparkt. Es gießt in Strömen, und das spärliche Publikum kann den Präsidenten hinter der regennassen kugelsicheren Glasscheibe, wo er stockend eine nichtssagende Rede vom Teleprompter abliest, kaum erkennen. Das Ereignis kostet Millionen, die aus dem Etat für die Pflege der Nationalparks genommen werden.

Später sagt der Präsident, das Wetter sei »in einer Hinsicht schön gewesen«: »Man hat an dem Tag gesehen, dass meine Haare echt sind, weil ich durchnässt war. Also, das war das einzig Gute. Ich bin gerannt, und man hat gesehen, es sind meine Haare, weil ich in jedem Sturm, jedem Sandsturm war. Gehn wir da rüber, gehn wir dort lang, da lang, diese Wüste, zu diesem Ozean und raus aus dem Flugzeug. ›Sir, der Wind weht mit über 100 Stundenkilometern.‹ Ich sage: ›Mann, dann müssen es ja meine sein.‹« (Natürlich war der Präsident vollkommen vor dem Regen geschützt.)

★

Der Präsident wirbt dafür, den nächsten G7-Gipfel im Trump National Doral Miami abzuhalten, dessen Umsatz seit der Wahl um 70 Prozent zurückgegangen ist. Das Golfhotel war unlängst im Gespräch, weil dort ein Turnier mit hundert der »schärfsten Stripperinnen Miamis« geplant war. Bei einer humorigen Sklavenauktion sollten die Golfer für ihr persönliches »Caddy-Girl« bieten, das dann auch nach dem Spiel in den VIP-Räumen eines örtlichen Stripclubs zur Verfügung stünde. Das Plakat zeigte einen mit Lippenstift verschmierten Golfball, doch die Veranstaltung wurde wegen negativer Publicity abgesagt.

Der Präsident verbringt durchschnittlich zweieinhalb Tage pro Woche auf einem seiner Golfplätze. Die Regierung hat für diese Ausflüge mindestens 108 Millionen Dollar bezahlt, einschließlich der Zimmer und Mahlzeiten für den Präsidententross, berechnet von den Trump-Hotels. Der Secret Service bezahlt die Miete für die Golfwagen, mit denen die Agenten dem Präsidenten auf dem Platz folgen.

In New York verlassen immer mehr Mieter den Trump Tower, weswegen Trumps Wahlkampfteam dort Büroräume für monatlich 37.500 Dollar mietet. Die Büros sind weitgehend leer.

★

Grenzbeamte lassen einem dreijährigen Mädchen namens Sofi die Wahl, von seiner Mutter oder seinem Vater getrennt zu werden. Als die Beamten seinen Vater wegführen, bricht das Kind in Tränen aus. Die Beamten schelten es: »Du hast doch gesagt, mit Mom.«

★

Der Präsident sagt im Oval Office, neben ihm Imran Khan, der pakistanische Premierminister: »Wenn wir in Afghanistan einen Krieg führen und gewinnen wollten, dann könnte ich den Krieg in einer Woche gewinnen. Ich will bloß nicht zehn Millionen Leute töten. (...) Ich habe Pläne für Afghanistan, wenn ich da den Krieg gewinnen wollte, dann würde Afghanistan vom Angesicht der Erde verschwinden. Es wäre weg. Es wäre in – buchstäblich in zehn Tagen vorbei. Und das will ich nicht. Ich will nicht diesen Weg gehen.«

★

Die Börsen der Welt befinden sich auf einem extremen Zickzackkurs, da Zölle angedroht, annulliert oder verhängt werden. Als eine unerwartete Folge der Handelskriege würden, wie die *Evangelical Christian Publishers Association* warnt, Zölle auf chinesische Importe Bibeln – die überwiegend in China gedruckt werden – stark verteuern und dem »Zugang zu Bibeln bedeutenden Schaden zufügen«.

Der Präsident twittert: »Sehr interessant, dass ›progressive‹ Kongressabgeordnete der Demokraten, die aus Ländern kommen, deren Regierungen eine absolute und totale Katastrophe sind, die schlimmsten, korruptesten und unfähigsten der Welt (falls sie überhaupt eine funktionierende Regierung haben), den Menschen der Vereinigten Staaten, der großartigsten und mächtigsten Nation der Welt, jetzt lauthals und bösartig erzählen, wie unsere Regierung zu führen sei. Sollen sie doch zurückgehen und mithelfen, ihre total kaputten und kriminalitätsverseuchten Länder in Ordnung zu bringen. Dann können sie zurückkommen und uns zeigen, wie es geht. Diese Länder brauchen dringend eure Hilfe, ihr könnt gar nicht schnell genug hin.«

Drei der vier Frauen, die er meint – Alexandria Ocasio-Cortez, Ayanna Pressley und Rashida Tlaib – wurden in den USA geboren. Die vierte, Ilhan Omar, floh vor dem Bürgerkrieg in Somalia, war in Dadaab interniert, dem riesigen, grauenhaften Flüchtlingslager im Norden Kenias, und gelangte als Jugendliche als eine der wenigen unter den Hunderttausenden dort in die USA. Ocasio-Cortez' Vorfahren stammen aus Puerto Rico, das vom Präsidenten generell nicht als Teil der USA angesehen wird. Tlaibs Vorfahren stammen aus Palästina, das vom Präsidenten nicht anerkannt wird. Pressley ist Afroamerikanerin, und ihre Vorfahren kamen vermutlich lange vor denen Trumps in die USA.

Bei *Fox & Friends* verlesen die Moderatoren kichernd die Tweets. »Oberster Komiker«, sagt einer. »Da fühlt sich heute aber jemand sehr komisch«, sagt der andere.

Kein einziger prominenter Republikaner verurteilt die Aussage. Der Kongressabgeordnete Mike Kelly aus Pennsylvania sagt: »Ach ja, die reden über People of Color. Ich bin auch eine Person of Color. Ich bin weiß.«

Die Neonazi-Seite *Daily Stormer* ist begeistert: »Für diesen WEISSEN NATIONALISMUS haben wir ihn gewählt. (…) Das ist nicht irgendein halbgarer weißer immigrantenfeindlicher Nationalismus. Trump sagt den amerikanischen Schwarzen buchstäblich, sie sollen zurück nach Afrika. (…) Trump drückt dabei nur wieder unsere kollektive Wut aus. (…) Damit wurde Trump gewählt, und damit wird er immer die größte Unterstützung bekommen.«

★

Der Präsident twittert: »Wir werden nie ein sozialistisches oder kommunistisches Land sein. WENN ES EUCH HIER NICHT GEFÄLLT, KÖNNT IHR GEHEN! Ihr habt die Wahl, ihr ganz allein. Es geht hier um Liebe zu Amerika. Gewisse Leute HASSEN unser Land …«

Die Präsidentenberaterin Kellyanne Conway nennt die vier nicht-weißen weiblichen Kongressabgeordneten die »Schattenseite« Amerikas. Sie sagt, der Präsident habe »viele Leute in diesem Land gründlich satt«. Auf die Frage, worauf sich Trump in seinem Tweet beziehe, antwortet Conway dem Reporter, der Jude ist, mit der Gegenfrage: »Welcher Ethnie gehören Sie an?«

Es ist nun Teil der republikanischen Strategie, die vier weiblichen Kongressabgeordneten auf die Tweets des Präsidenten hin als »das Gesicht der Demokratischen Partei« zu bezeichnen, obwohl alle vier Neulinge im Kongress und in dessen Hierarchie relativ machtlos sind. Auf einer Kundgebung in North Carolina wiederholt der Präsident seinen Angriff auf die Frauen. Die Menge skandiert: »Schickt sie zurück! Schickt sie zurück!«

★

Nachdem der ältere und respektierte afroamerikanische Kongressabgeordnete Elijah Cummings aus Baltimore gedroht hat, Jared Kushner und Ivanka Trump vor die Aufsichtskommission zu laden, twittert der Präsident: »Cummings war schon immer ein brutaler Kerl (...). Der Cumming District [sic] ist ein ekliger, rattenverseuchter Saustall. (...) Der am schlechtesten regierte und gefährlichste Bezirk der ganzen Vereinigten Staaten. Kein Mensch wollte dort wohnen.«

Schnell stellt sich heraus, dass Kushner in den Slums der Stadt viele Immobilien besitzt, deren Tausende von Wohnungen geprüft und wegen Schimmel, Wasserschäden, Lecks in der Kanalisation und natürlich Ratten mit einem Bußgeld belegt wurden. 1976 wurde der Vater des Präsidenten, Fred, wegen Vernachlässigung seiner Gebäude in Baltimore verhaftet, nachdem weiße Mieter aus- und Afroamerikaner eingezogen waren.

★

Zum Gedenken an den 400. Jahrestag der Ankunft der ersten Sklaven in den USA hatte Obama veranlasst, dass auf dem 20-Dollar-Schein Andrew Jackson, der als »Indian Killer« berüchtigte Sklavenhalter, durch ein Porträt Harriet Tubmans ersetzt werden sollte, der einstigen Sklavin und Abolitionistin. Finanzminister Steve Mnuchin erklärt, dies werde frühestens 2028 möglich sein, wahrscheinlich aber gar nicht. Trump hat ein Porträt Jacksons im Oval Office hängen.

★

Der Präsident setzt seine Angriffe auf Cummings und Baltimore fort und sagt: »Eines kann ich Ihnen sagen: Ich bin der am wenigsten rassistische Mensch der Welt, was mich betrifft.«

★

In einer seltenen Demonstration internationaler Diplomatie ruft der Präsident auf Drängen Kanye Wests und Kim Kardashian Wests den schwedischen Premierminister an, um die Entlassung des Rappers A$AP Rocky zu erwirken, der in Stockholm wegen Körperverletzung in U-Haft sitzt. »Ich habe ihm versichert, dass bei A$AP keine Fluchtgefahr besteht, und ihm angeboten, persönlich für seine Kaution oder eine Alternative zu bürgen.« Die Schweden weigern sich, ihn freizulassen. Daraufhin twittert der Präsident ohne Ironie, Schweden habe »unsere afroamerikanische Gemeinde im Stich gelassen«. Er entsendet den präsidialen Sonderbeauftragten für Geiselangelegenheiten als Prozessbeobachter.

★

Der Präsident führt ein merkwürdiges Gespräch mit Nadia Murad, der Frauenrechtsaktivistin, die aus der Gefangenschaft des »Islamischen Staats« floh. Sie erzählt ihm aus ihrem Leben: »Das alles habe ich erlebt. Sie haben meine Mum umgebracht, meine sechs Brüder ...« Der Präsident unterbricht sie: »Wo sind sie jetzt?« »Sie haben sie umgebracht. Sie sind in den Massengräbern in Sindschar.«

Der Präsident ist verblüfft, dass Murad den Friedensnobelpreis erhalten hat, den er selbst gern hätte und findet, ihn verdient zu haben: »Das ist ja unglaublich. Und warum hat man Ihnen den gegeben?«

★

Der Präsident kommentiert die Wahl Boris Johnsons: »Guter Mann. Er ist hart und smart. Die sagen dort ›Britain Trump‹. Die nennen ihn ›Britain Trump‹, und manche Leute finden das gut. Die mögen mich dort.«

★

Der Präsident twittert: »Der Vorsitzende Kim hat eine große und schöne Vision für sein Land, und nur die Vereinigten Staaten mit mir als Präsident können diese Vision verwirklichen. Er wird das Richtige tun, weil er viel zu klug ist, um es nicht zu tun, und er will seinen Freund, Präsident Trump, ja nicht enttäuschen!«

★

Auf Fox gelobt Tucker Carlson, weiter gegen die »globale Tyrannei zu kämpfen«: »Beinahe jede Nation der Welt ist unter

das Joch der Tyrannei geraten: das metrische System. (…)
Die Vereinigten Staaten sind das einzige bedeutende Land,
das sich dem widersetzt hat, aber wir haben keinen Grund,
uns dafür zu schämen, dass wir Fuß und Pfund benutzen.
(…) Esperanto ist gestorben, aber das metrische System lebt
weiter, dieses seltsame, utopische, unelegante, gruselige System, dem wir allein uns widersetzt haben. (…) Ich akzeptiere
den Kilometer erst, wenn wir den Euro akzeptieren: niemals!«

★

Man hat herausgefunden, dass rund 9.500 gegenwärtige oder
ehemalige Angehörige der Grenzpolizei, darunter ihre Direktorin Carla Provost, Mitglieder einer geheimen Facebook-
Gruppe sind. Dort scherzen sie über den Tod von Migranten,
behaupten, das Foto des ertrunkenen Vaters mit seiner Tochter sei eine Ente der Liberalen, stellen sich vor, wie sie Kon-
gressmitglieder lateinamerikanischer Herkunft mit Burritos
bewerfen, und photoshoppen Bilder von Alexandria Ocasio-
Cortez, wie sie Migranten oder Donald Trump oral befriedigt.

★

Laut Gesetz müssen in Lagern festgehaltene Kinder unter
»sicheren und hygienisch einwandfreien Bedingungen« leben.
Das Justizministerium zieht mit dem Argument vor Gericht,
dass das Gesetz »Zahnbürste«, »Duschen«, »trockene Kleidung«,
»Seife«, »Handtücher« oder »Betten« nicht eigens aufführe und
die Regierung daher nicht gesetzlich verpflichtet sei, diese bereitzustellen. Die Richter sind skeptisch.

★

Bei seinem lange erwarteten Auftritt vor dem Rechts- und Geheimdienstausschuss wirkt Sonderermittler Robert Mueller müde und gebrechlich. Er hält sich streng an den Wortlaut seines Berichts und weigert sich, einige hundert Fragen zu beantworten, die andere Bereiche berühren oder noch, wie er sagt, anderweitig Gegenstand laufender Ermittlungen sind. Er starrt ausdruckslos vor sich hin, während ihn mehrere republikanische Kongressabgeordnete anbrüllen. Der kalifornische Kongressabgeordnete Tom McClintock nennt seinen Bericht einen Haufen Scheiße: »Sie haben ihn in eine Papiertüte gesteckt, angezündet, uns auf die Veranda geschmissen, geklingelt und Reißaus genommen.«

Am Vormittag geht es im Rechtsausschuss um die zehn Anklagepunkte der Behinderung der Justiz, für die Trump Mueller zufolge während seiner Präsidentschaft nicht belangt werden könne, wegen denen er aber nach seinem Ausscheiden aus dem Amt sehr wohl vor Gericht gestellt werden könnte. Der Kongressabgeordnete aus Texas, Louis Gohmert – er glaubt, dass Obama und ein Großteil seiner Regierung mit den Muslimbrüdern im Bunde gestanden und bewusst versucht hätten, das Ebolavirus in die USA zu bringen, dass Öl-Pipelines gut für die Umwelt seien, weil Karibus sich gern neben einer schön warmen Pipeline paaren, und dass Schwule nicht zum Militärdienst zugelassen werden sollten, weil sie nur »rumsitzen und einander massieren« würden und zu entspannt zum Kämpfen wären –, ist wie immer erzürnt: »Wenn einer weiß, dass er sich mit niemandem aus Russland verschworen hat, um die Wahl zu beeinflussen, und er sieht, dass das große Justizministerium mit Leuten, die ihn hassen, hinter ihm her ist und dann ein Sonderermittler eingesetzt wird, der ein Dutzend oder noch mehr Leute einstellt, die diesen Menschen hassen, und er weiß, dass er unschuldig ist, dann handelt er nicht korrupt, wenn er dafür sorgen will, dass der Gerechtigkeit Genüge getan wird. Er behindert nicht die Justiz: Er *strebt nach Gerechtigkeit,* und dass Sie da zwei Jahre dran waren, bedeutet, dass Sie Unrecht begangen haben.« Worauf Mueller antwortet: »Ich nehme Ihre Frage zur Kenntnis.«

★

Am Nachmittag geht es im Rechtsausschuss um die Russen.

Die Vorgeschichte, soweit bekannt: Im März 2016 erzählte ein obskurer maltesischer Professor, Joseph Mifsud – der zwei Jahre lang nicht gesichtet wurde –, George Papadopoulos, einem jungen, unqualifizierten außenpolitischen Berater in Trumps Wahlkampfteam, die Russen hätten belastendes Material über Hillary Clinton in Form von »Tausenden von E-Mails«, die sie gehackt hätten. Mifsud stellte für Papadopoulos den Kontakt mit diversen Kreml-nahen Russen her. Im Mai betrank sich Papadopoulos in einer Londoner Weinbar und erzählte die Geschichte Alexander Downer, dem ehemaligen Vorsitzenden der Liberalen Partei Australiens und damals Hochkommissar im Vereinigten Königreich. Im Juni trafen sich Donald Trump jr., Jared Kushner und Paul Manafort im Trump Tower heimlich mit Russen. Im Juli, inzwischen war von dem Hackerangriff weithin berichtet worden, informierte Downer den amerikanischen Geheimdienst über sein Gespräch mit Papadopoulos. Das FBI ermittelte und fand heraus, dass es tatsächlich eine Einmischung von russischer Seite in die Wahl gegeben hatte. Um den Eindruck von Parteinahme zu vermeiden, bat Obama Mitch McConnell, den Mehrheitsführer im Senat, eine gemeinsame Erklärung abzugeben, in der die ausländische Intervention offengelegt und verurteilt würde. McConnell lehnte ab, worauf die Informationen erst nach der Wahl öffentlich wurden.

Die Republikaner haben allerdings eine ausgeklügelte Verschwörungstheorie, die sie den ganzen Nachmittag über wiederholen: Das FBI, das normalerweise als eine Bastion der Ultrakonservativen gilt (Mueller selbst war zeitlebens eingetragener Republikaner), sei in Wahrheit eine Brutstätte von Linken, die entschlossen seien, Trump zu schlagen. Es habe Clintons Wahlkampf unterstützt, und außerdem habe sich Clinton mit den Russen verschworen. Das heißt, die Russen hätten auf Clintons Geheiß hin vorgegeben, Trump zu helfen, sodass Trump irreparabel beschädigt würde, wenn das parteiische FBI dessen Verbindung mit den Russen enthüllte. (Putins unverhohlene Abneigung gegen Clinton und die 80.000 von Russen generierten Posts zugunsten von Trump, die 126 Millionen Menschen auf Facebook sahen, die 120.000 Posts auf Instagram und die 131.000 »Robo-Tweets« allein in den zwei Monaten vor der Wahl zählen offenbar nicht.) Zudem ist der Schlüssel zu der Verschwörung der maltesische Professor Mifsud, dessen Name bei den Anhörungen häufig fällt und von dem die Republikaner glauben, er sei ein FBI-Spitzel, der Papadopoulos eine Falle stellen sollte. Für Devin Nuncs, der Vorsitzender des Geheimdienstausschusses war, als die Republikaner noch die Mehrheit im Repräsentantenhaus stellten – und der gerade eine Frau auf 400 Millionen Dollar verklagt, weil sie einen Twitter-Account namens »Devin Nunes' Cow« eingerichtet hat, der dümmliche Scherze auf Nunes' Kosten macht –, ist Mifsud »das eigentliche Epizentrum«.

Nachdem Mueller ausgesagt hat, twittert der Präsident, der ganz offensichtlich Philosophie studiert hat: »DIE WAHRHEIT IST EINE NATURGEWALT!«

★

Der Direktor des FBI, Christopher Wray, sagte vor dem Rechtsausschuss zuvor aus, dass »die Russen wirklich fest entschlossen sind, [künftig] in unsere Wahlen einzugreifen«, und Mueller sagt: »Das war kein einmaliger Versuch. Die tun es, während wir hier sitzen.« In einem Bericht des überparteilichen Geheimdienstausschusses des Senats heißt es, im Jahr 2016 seien die Russen in allen fünfzig Staaten »in einem nie da gewesenem Ausmaß gegen die staatliche Wahlinfrastruktur« vorgegangen und hätten nach Lücken im Sicherheitssystem gesucht. Allerdings ist der Bericht so stark redigiert, dass er kaum öffentliche Informationen enthält. Selbst die Empfehlungen von Gegenmaßnahmen lesen sich so: »7. XXXXXXXXXXXXX Errichtung eines glaubhaften XXXXXXXXXXXXXXXXX« – wobei die folgenden Absätze geschwärzt sind.

In den achttausend Wahlbezirken werden die Stimmen nach dem dezentralisierten nationalen Wahlsystem ausgezählt. Trump hatte bei der landesweiten Auszählung fast drei Millionen Stimmen weniger, siegte aber im Electoral College, also bei den Wahlleuten, mit insgesamt 77.000 Stimmen (bei 136.000.000 abgegebenen Stimmen) in drei Schlüsselstaaten. Somit konnte das Ergebnis der Präsidentschaftswahl durch gezielte Beeinflussung nur weniger dieser Wahlbezirke verändert werden. Zwar ist nicht bewiesen, dass dies tatsächlich auch ein Teil dessen war, was Mueller einen »weitreichenden und systematischen« Angriff auf den Wahlprozess nannte, dennoch trägt es zur Erklärung eines der Rätsel im Mueller-Bericht bei: Warum Paul Manafort als Trumps Wahlkampfleiter interne Umfragedaten über vier Staaten (darunter die drei entscheidenden) Konstantin Kilimnik übergab, der Verbindungen zum russischen Geheimdienst hat.

★

Das Repräsentantenhaus verabschiedet ein Gesetz, das 600 Millionen Dollar für zusätzliche Sicherheitsmaßnahmen rund um die Wahlen in den Bundesstaaten vorsieht, wobei ergänzende Stimmzettel aus Papier obligatorisch werden. Andere Gesetzentwürfe, von denen die meisten zumindest teilweise von den Republikanern unterstützt werden, sehen vor, dass bei Präsidentschaftswahlen jegliche Hilfsangebote von Vertretern ausländischer Regierungen oder Zuwendungen von ausländischen Staatsangehörigen dem FBI zu melden sind; sie schützen gegen ausländische Cyberangriffe; verpflichten Facebook, Google und andere Internetunternehmen dazu, Käufer politischer Anzeigen offenzulegen; erleichtern die Zusammenarbeit zwischen den Wahlämtern der einzelnen Staaten und bundesstaatlichen Nachrichtendiensten; verhängen überdies Sanktionen gegen jede Körperschaft, die eine US-amerikanische Wahl angreift, insbesondere gegen Russland

218

für seine Cyberverbrechen. McConnell weigert sich, auch nur eines davon im Senat zuzulassen.

Überdies ist die Bundeswahlkommission FEC, die die Wahlen und die Gesetze zur Wahlkampffinanzierung überwacht, jetzt weitgehend lahmgelegt. Ihre Mitglieder, die gleichmäßig zwischen den Parteien aufgeteilt sind, dienen sechs Jahre lang und müssen vom Senat bestätigt werden. McConnell weigert sich seit 2015, als er Mehrheitsführer wurde, Neuernennungen zu bestätigen. Da die Mitglieder nach und nach ausscheiden, ist die gesetzlich vorgeschriebene Mindestzahl unterschritten.

★

McConnell – der in der Twitterwelt jetzt »Moscow Mitch« heißt – hat eine komplizierte Vorgeschichte mit russischen Milliardären. Nachdem der Senat für die Aufhebung der Sanktionen gegen Oleg Deripaska – bekannt als »Putins Lieblingsoligarch« – gestimmt hatte, wobei McConnell sogar Einwände von republikanischer Seite überging, wurde bekannt, dass Deripaskas Aluminiumunternehmen Rusal 200 Millionen Dollar in ein Walzwerk in McConnells Heimatstaat Kentucky investieren wolle. (Damit die Sanktionen aufgehoben werden konnten, musste Deripaska seine Anteile an Rusal von 70 auf 45 Prozent reduzieren, allerdings gab er seine Anteile an Freunde und Verwandte weiter, wobei er sich irgendwie Hunderte Millionen Dollar sicherte.) Der leitende Lobbyist für das Rusal-Geschäft war McConnells ehemaliger Stabschef. Paul Manafort hatte jahrelang für Deripaska gearbeitet, wobei dieser behauptet, Manafort habe ihn bei einer Investition in einen dubiosen ukrainischen Telekommunikations-Deal um 25 Millionen Dollar betrogen. (Manche glauben, Manafort habe den Russen die Informationen nicht nur geliefert, um Trump zu helfen, sondern auch, um seine Schulden in Sachleistungen abzubezahlen und womöglich auch sein Leben zu retten.) Über 20 Prozent von Rusal sind im Besitz von Leonard Blavatnik und Viktor Vekselberg, gegen die kurz ebenfalls Sanktionen verhängt gewesen waren. Blavatnik spendete McConnells *Senate Leadership Fund* 3,5 Millionen Dollar sowie (wahrscheinlich illegal) 1 Million Dollar für Trumps Amtseinführung. Vekselberg spendete über seinen amerikanischen Vetter angeblich 250.000 Dollar für die Amtseinführung. Eine Zeitlang war Wilbur Ross, der derzeitige Handelsminister, der größte Anteilseigner der Bank of Cyprus – wo viele russische Oligarchen gern ihr Geld lagern – und auch ihr Vizepräsident. Eine Strohfirma im Besitz von Vekselberg überwies 500.000 Dollar aus unbekannten Gründen an eine andere Strohfirma, die Michael Cohen gehört, dem damaligen Anwalt Trumps – dieselbe Strohfirma, die damals der Pornodarstellerin Stormy Daniels 130.000 Dollar Schweigegeld bezahlte.

Der Präsident sagt: »Mitch McConnell ist ein Mann, der sogar noch weniger über Russland und russische Einflussnahme weiß als Donald Trump. Und ich weiß nichts.«

McConnell will in Kentucky wiedergewählt werden und daher demonstrieren, dass er Geld und wirtschaftliche Entwicklungsmöglichkeiten in seinen Staat holt. Außer den Russen hilft ihm auch seine Frau Elaine Chao, die Verkehrsministerin. Chao hat einen Berater eigens als Verbindungsmann für Projekte in Kentucky abgestellt – kein anderer Staat hat das – und bereits 78 Millionen Dollar an Zuschüssen gewährt.

★

Der Präsident sagt einem Interviewer, natürlich würde er Informationen von einer ausländischen Regierung annehmen, sollte sie ihm schmutzige Details über seinen Gegner bei den Wahlen 2020 anbieten. An die Aussage des FBI-Direktors erinnert, dass in solchen Fällen das FBI informiert werden solle, erwidert der Präsident: »Ich sag Ihnen mal was. Ich habe in meinem Leben schon so manches erlebt. Ich glaube nicht, dass ich in meinem ganzen Leben schon mal das FBI angerufen habe. In meinem ganzen Leben. Man ruft das FBI nicht an. Man schmeißt jemanden aus seinem Büro oder was man sonst so macht. Ach, hören Sie bloß auf – so läuft das Leben nicht.«

★

Der Juli ist der heißeste Monat seit Beginn der Wetteraufzeichnungen. In Alaska brennen eine Million Hektar Tundra und Wald.

★

Rod Schoonover, ein Analytiker im Nachrichtendienst des Außenministeriums INR soll vor dem Kongress über die »möglichen katastrophalen« Auswirkungen des Klimawandels auf die nationale und internationale Sicherheit aussagen, darunter über die Zunahme von Flüchtlingen, humanitären Krisen, schwindende Ressourcen und politische Instabilität. William

Happer, Senior Director des Nationalen Sicherheitsrats, untersagt ihm dies.

Happer, auch Gründer einer Organisation namens CO_2 *Coalition*, glaubt, dass Kohlendioxid das Pflanzenwachstum anregt und somit den Treibhauseffekt reduziert. Ihm zufolge ist »die Dämonisierung des Kohlendioxids genau wie die der armen Juden unter Hitler. Kohlendioxid nützt der Welt vielmehr, so wie damals die Juden.« Er bezeichnet seine Gruppe auch als die »CO_2-Antidiffamierungsliga«.

Nach zehn Jahren tritt Schoonover von seinem Posten zurück, nachdem ein »hoher Beamter im Weißen Haus« ihn beschuldigt hat, »verzweifelt zu versuchen, diesen Präsidenten und den Fortgang der amerikanischen Demokratie zu untergraben«.

★

Obama erließ Verordnungen zur Flugasche, dem Rückstand bei Kohleverbrennung, in dem Arsen und andere Chemikalien enthalten sind, die ins Grundwasser gelangen. Die staatliche Umweltschutzbehörde EPA, der jetzt ein ehemaliger Lobbyist der Kohleindustrie, Andrew Wheeler, vorsteht, hebt diese Beschränkungen auf. Wheeler ersetzt auch Obamas *Clean Power Plan* (CPP) durch die *Affordable Clean Energy Rule*, die die zulässigen Emissionen aus Kohlekraftwerken erhöht. Ein Sprecher der EPA sagt: »Mit dem CPP zwang die Regierung Obama jedem einzelnen Staat Emissionsreduzierungen auf. Wir glauben nicht, dass die EPA dafür zuständig ist.«

★

Obama verbot das Pestizid Chlorpyrifos, das bei Kindern Hirnschäden verursacht, also hebt die EPA das Verbot auf. Obama erließ Vorschriften für die Kontrolle von Methangaslecks, also hebt die EPA sie auf. Nach Kohlendioxid ist Methan das zweitwichtigste Treibhausgas und trägt auf kurze Sicht über achtzig Mal mehr zur Erderwärmung bei als CO_2.

★

Obama senkte den Grenzwert des Kraftstoffverbrauchs für Autos ab 2025 auf 4,3 Liter pro 100 Kilometer, Trump erhöhte ihn auf 6,4 Liter. Allerdings behalten Kalifornien und andere Staaten Obamas Grenzwert bei. Siebzehn Fahrzeughersteller bitten die Regierung, die Regularien nicht zu ändern, weil sie nicht gezwungen sein wollen, verschiedene Autos für verschiedene Regionen herzustellen. Als dies abgelehnt wird, erklären Ford und drei große ausländische Unternehmen, sie wollten am kalifornischen Standard festhalten. Ein Sprecher der EPA nennt das einen »PR-Gag«.

★

Obama wies 5.300 Quadratkilometer Wildnis in Utah, darunter alte Felsbehausungen der amerikanischen Ureinwohner, als *Bears Ears National Monument* aus, also verkleinerte Trump es auf 780 Quadratkilometer. Jetzt verkündet er, dass das verbliebene Land für extensiven Holzeinschlag, Geländefahrzeuge und das sogenannte *Chaining* freigegeben werde – eine Form der Landrodung, bei der eine Kette an zwei Fahrzeuge gebunden wird, die sie dann über den Boden ziehen und dabei Unterholz und andere Pflanzen ausreißen.

★

Der Präsident spricht im Oval Office zu Reportern: »Wir wollen herausfinden, was mit dem letzten demokratischen Präsidenten war. Überprüfen wir Obama doch mal genauso, wie sie mich vom ersten Tag an überprüft haben ... Die könnten sich mal den Buch-Deal näher ansehen, den Präsident Obama gemacht hat. Verlangen wir die Offenlegung aller seiner Unterlagen.« Trump hat sich häufig darüber beklagt, dass Barack und Michelle Obama für ihre Memoiren einen Vorschuss von 65 Millionen Dollar erhalten haben.

Anschließend wendet er sich der Minderwertigkeit französischer Weine zu, die er besteuern könnte: »Mir waren amerikanische Weine immer lieber als französische. Obwohl ich keinen Wein trinke. Die sehen einfach gut aus, ok?«

★

Im »A-Team« des Präsidenten – hochrangige Berater im Weißen Haus, ausgeschlossen Kabinettsmitglieder – lag die Fluktuationsrate in zweieinhalb Jahren bei 75 Prozent. Bei 33 Prozent der Stellen gab es eine »serielle Fluktuation« (drei oder mehr Wechsel). Im Kabinett gab es bislang vier Verteidigungsminister, vier Heimatschutzminister, vier Kriegsveteranenminister und fünf Gesundheitsminister. Zurzeit gibt es keinen ständigen Heimatschutzminister, keinen Arbeitsminister, keine Leitung der Armeebehörde, der Luftwaffenbehörde, der nationalen Nachrichtendienste, der Bundesagentur für Katastrophenschutz FEMA, der Behörde für Lebens- und Arzneimittel FDA und etlicher weiterer Behörden, darunter all jene, die für Einwanderung und Grenzsicherung zuständig sind. Der Präsident bevorzugt geschäftsführende Leiter, die kein Bestätigungsverfahren durchlaufen müssen, wo ihre häufig ungewöhnlichen Ansichten und ihre zweifelhafte Vergangenheit in Frage gestellt werden könnten.

★

Zu denen, die keiner Bestätigung bedürfen, gehört Monica Crowley; sie ist Dauergast bei Fox und wird zur stellvertretenden PR-Referentin im Finanzministerium ernannt. Crowley ist vor allem für ihre Behauptung bekannt, Obama sei ein der Muslimbruderschaft nahestehender »Organisator der islamischen Gemeinde«, deren Ziel es sei, in den USA die Scharia einzuführen. Das zeige sich daran, dass er »darauf bestanden hat, mit seinem vollen Namen Barack Hussein Obama den Präsidenteneid zu leisten«.

★

Der Protokollchef im Außenministerium tritt zurück, nachdem publik wurde, dass er Angestellte einschüchterte, indem er im Büro mit einer Peitsche herumlief. Als eine interne Umfrage zeigt, dass Trump gegen Joe Biden verlieren würde, bestreitet der Präsident die Umfrage zunächst und feuert dann die Demoskopen, die sein Wahlkampfteam eingestellt hat.

★

Nixon stieß den *Endangered Species Act* an (und schuf die Umweltschutzbehörde EPA), der durch das Verbot von Erschließung, Holzeinschlag, Bohrungen und Bergbau in natürlichen Lebensräumen den Weißkopfseeadler, den Grizzlybär, den amerikanischen Alligator, den Buckelwal, den Wanderfalken und zahllose andere Arten rettete. Innenminister David Bernhardt, ein ehemaliger Lobbyist der Ölindustrie, kündigt an, das Gesetz zu »modernisieren«: Statt ausschließlich wissenschaftliche Faktoren werden ökonomische herangezogen, um eine Schutzberechtigung zu bestimmen. Die »absehbare Zukunft«, wie sie in dem Gesetz steht, wird nicht berücksichtigt, da sie sich heute in erster Linie auf den Klimawandel beziehen würde. Viele Arten – insbesondere die als »bedroht« eingeordneten, eine Stufe unter »gefährdet« – würden von der Liste gestrichen werden. Die Änderungen werden Eisbären, Schreikraniche, Belugawale und viele andere Arten betreffen.

★

Der Präsident hatte versucht, für Grizzlybären den Status als gefährdete Art aufzuheben, damit sie bei Trophäenjagden geschossen werden können, die bei seinen Söhnen beliebt sind. Mehrere Stammesnationen, denen der Bär heilig ist, gehen mit Umweltgruppen gerichtlich dagegen vor. Sie gewinnen. Liz Cheney, Kongressabgeordnete aus Wyoming und Tochter von Dick, meint, der Fall »basiert nicht auf wissenschaftlichen Fakten«, sondern sei von Klägern angestrengt, »die unsere westliche Lebensweise zerstören wollen«.

★

Bei Wahlkampfwerbung und Literatur für »Trump 2020« fällt auf, dass Vizepräsident Pence nicht erwähnt wird. (Unter Republikanern nennt man ihn »Bobblehead«, Wackelkopf, weil er immer nickt, wenn der Präsident spricht.) Das lächerlichste – und dennoch nicht ganz unplausible – Gerücht des Sommers ist, dass Trump Ivanka als Vizepräsidentin benennen und nach der Wahl zurücktreten wird, um sie zur ersten Präsi-

226

dentin Amerikas zu machen. Sobald er dann nicht mehr Präsident ist, wird Ivanka ihn wegen jedweder Verbrechen begnadigen, derer er schuldig sein könnte. Anfang des Jahres hatte Trump ihr den Posten der Präsidentin der Weltbank angeboten, was sie aber ablehnte. Er sagte zu Reportern: »Das hätte sie toll gemacht, weil sie sehr gut mit Zahlen kann.«

★

Um die Forschungsabteilungen im Landwirtschaftsministerium, die den Klimawandel, Umweltfragen und die Auswirkungen der Handelskriege auf die Bauern untersuchen, kaputtzumachen, wird ihre Verlegung von Washington nach Kansas City bekannt gegeben. Sogleich kündigen die Hälfte der Wissenschaftler und Mitarbeiter dieser Abteilungen. In ähnlicher Weise wird die Zentrale des *Bureau of Land Management*, das rund 100 Millionen Hektar bundeseigenes Land verwaltet, urplötzlich von der Hauptstadt nach Grand Junction, Colorado, verlegt, um es von fest angestellten Umweltschützern zu säubern. Der neue geschäftsführende Direktor, William Perry Pendley, hat sich sein Leben lang für die Privatisierung sämtlicher Bundesländereien ausgesprochen. Mick Mulvaney, geschäftsführender Stabschef im Weißen Haus, sagt, solche Verlegungen seien eine »wunderbare Art«, schwer zu entlassende Bundesbeamte loszuwerden.

★

Justizminister William Barr kündigt an, dass die Bundesregierung die Vollstreckung von Todesstrafen wieder aufnehmen werde. Es hat zwar Todesurteile gegeben, aber seit 2003 ist kein Bundeshäftling mehr hingerichtet worden. (Einundzwanzig Staaten haben die Todesstrafe abgeschafft, in anderen Staaten allerdings wurden 2018 fünfundzwanzig Menschen hingerichtet.)

Barr zitiert später noch den Selbstjustiz-Thriller *Ein Mann sieht rot* mit Charles Bronson und die *Dirty Harry*-Filme mit Clint Eastwood als Beweis dafür, dass es »befriedigend ist, wenn der Gerechtigkeit Genüge getan wird«.

★

Auf dem Gilroy Garlic Festival im Christmas Hill Park in Gilroy, Kalifornien, schießt ein neunzehnjähriger weißer Rassist mit einem legal erworbenen Sturmgewehr auf Hispanics; er tötet drei Personen, darunter zwei Kinder, und verletzt dreizehn weitere. (Drei der Überlebenden hatten bereits den Anschlag in Las Vegas überlebt, bei dem achtundfünfzig Menschen starben.) Jemand brüllt dem Schützen zu: »Warum tust du das?«, worauf er antwortet: »Weil ich so richtig wütend bin.«

Sechs Tage später will ein weißer Rassist mit einem legal erworbenen Sturmgewehr auf Hispanics schießen und fährt zehn Stunden lang zu einem Walmart in El Paso, Texas, wo er zweiundzwanzig Menschen tötet und sechsundzwanzig verletzt. Viele der Verletzten weigern sich aus Furcht, abgeschoben zu werden, ins Krankenhaus zu gehen. (Die ICE hat, wie man weiß, Leute schon von der Trage weg verhaftet und vor OP-Sälen gewartet.) Der Präsident twittert kurz sein Beileid, um dann sogleich eine Botschaft an einen weißen Boxer zu twittern, der eine MAGA-Kappe trägt: »Schlag heute Abend hart zu, Colby. Bist ein echter Champ!« Auf Fox sagt der Vizegouverneur von Texas, dass die Massenschießereien daher kommen, dass die Kinder in der Schule nicht mehr beten dürfen.

Dreizehn Stunden später tötet ein 24-jähriger Weißer in Dayton, Ohio, mit einem legal erworbenen Sturmgewehr – politische Einstellung unbekannt, zielt aber vor allem auf Afroamerikaner – neun und verletzt siebzehn Menschen. Er tötet seine eigene Schwester und ihren afroamerikanischen Freund. Mit einer solchen Waffe konnte er binnen dreißig Sekunden 41 Schuss abfeuern, bis er selbst von der Polizei getötet wurde.

Der Präsident verbringt das Wochenende auf seinem Golfplatz in New Jersey und macht dabei einen fidelen Spontanbesuch bei einer Hochzeitsfeier. Zurück in Washington, twittert er, dass »Fake News stark zu Zorn und Wut beigetragen haben«, und verlangt striktere Einwanderungsgesetze – vermutlich aufgrund der Theorie, dass es, gäbe es keine Einwanderer, auch keine Schießereien gäbe. In einer kurzen Fernsehansprache an die Nation gibt er Geisteskrankheiten und Videospielen die Schuld an der Waffengewalt. Obwohl er vom Teleprompter abliest, verwechselt er die Städte in Ohio und sagt: »Möge Gott das Andenken an jene segnen, die in Toledo umgekommen sind.«

★

Kurz vor seiner Abfahrt nach El Paso hatte der Schütze ein Manifest ins Netz gestellt, in dem er schrieb, er habe vor, »so viele Mexikaner wie möglich zu töten«, als »Reaktion auf die hispanische Invasion in Texas«. Trumps Wahlkampfteam gebraucht in seinen Facebook-Anzeigen das Wort »Invasion« mit Bezug auf Einwanderer rund 2.200 Mal. Trump selbst hat das Wort »Invasion«, wenn er auf Wahlkampfveranstaltungen sprach, mindestens 19 Mal benutzt, das Wort »Tier« 34 Mal, das Wort »Killer« fast drei Dutzend Mal und die Wendung »raus aus unserem Land« mindestens 43 Mal. In einer anderen Zählung hat Trump, wenn er bei seinen Kundgebungen über Einwanderung sprach, die Wörter »Räuber«, »Invasion«, »Fremde«, »Killer«, »Kriminelle« oder »Tiere« über fünfhundert Mal benutzt.

★

Es wird berichtet, die Mutter des Schützen von El Paso habe, in Sorge über das Verhalten ihres Sohnes und seine Waffen, die Polizei angerufen. Die aber habe ihr mitgeteilt, sein Sturmgewehr sei legal, da könnten sie nichts machen.

Bis zum 5. August, dem Tag nach der Schießerei von Dayton, hat es in den USA an den 217 Tagen des Jahres 2019 255 Massenschießereien gegeben. Eine Massenschießerei wird definiert als wahlloser Amoklauf an einem öffentlichen Ort, bei dem vier oder mehr Menschen, den Schützen nicht eingeschlossen, getötet oder verletzt werden. Bis jetzt sind dieses Jahr bei Vorfällen mit Schusswaffen 8.963 Menschen (davon 2.233 unter achtzehn Jahren) gestorben. In dieser Zahl sind Selbstmorde nicht enthalten. (2017 – dem letzten statistisch erfassten Jahr – haben sich 23.854 Menschen mit einer Schusswaffe getötet.) In den USA gibt es mehr Waffen in Privatbesitz als Menschen.

Bei einer Bürgerversammlung nennt der republikanische Kongressabgeordnete Steve Womack aus Arkansas »zu viele Kinder, die mit nur einem Elternteil aufwachsen«, »gottlose Schulen« und die gegenwärtige Abneigung, aufsässige Kinder zu züchtigen, als Ursache von Amokläufen.

Walmart nimmt als Reaktion auf die Schießereien Gewalt-Videospiele aus dem Sortiment, nicht jedoch Waffen. Die Länder mit den meisten Nutzern von Videospielen pro Kopf sind Japan und Südkorea; in beiden gibt es null Morde mit Schusswaffen.

Das von den Demokraten beherrschte Repräsentantenhaus verabschiedete vor Monaten schon Gesetzentwürfe, die bei Waffenkäufen eine Prüfung des Strafregisters und andere Formen der Waffenkontrolle vorschrieben. Mitch McConnell dagegen, der von der *National Rifle Association* 1,26 Millionen Dollar an Wahlkampfspenden erhalten hatte, weigert sich, auch nur einen davon in den Senat einzubringen. Unmittelbar im Anschluss an die Amokläufe twittert sein Team das Foto eines »Friedhofs« mit Grabsteinen für Amy McGrath, seiner demokratischen Gegnerin bei den Senatswahlen, und Merrick Garland, dessen Ernennung zum Richter am Supreme Court er blockierte.

★

Am Morgen vor seinem Besuch in El Paso und Dayton anlässlich eines »Tags der Heilung«, um »Opfer zu ehren und Familien zu trösten«, attackiert der Präsident den Bürgermeister von Dayton, die Notenbank, den ehemaligen Kongressabgeordneten von El Paso, Beto O'Rourke, die »scheiternde *New York Times*«, den Gouverneur von Kalifornien, »linksradikale Demokraten« und »Fake News«. Er behauptet, illegale Einwanderer »strömen in dieses Land«, meint aber auch: »Ich glaube, meine Worte bringen die Menschen zusammen.« In Dayton besucht er kurz ein Krankenhaus, lässt aber keine Reporter zu und gibt auch keine öffentliche Erklärung ab.

In der Air Force One, auf dem Flug von Dayton nach El Paso, attackiert er »Sleepy Joe« Biden, »Fake News CNN«, die »LameStream Media«, den Senator von Ohio Sherrod Brown und (erneut) den Bürgermeister von Dayton. In dem Krankenhaus in El Paso, das er besucht, weigern sich alle Verletzten, die dort behandelt werden, mit ihm zu sprechen. Im Gespräch mit den Ärzten und Pflegern attackiert er O'Rourke und prahlt von den Massen bei seiner Kundgebung im Februar (für die sein Wahlkampfteam immer noch nicht die fast 500.000 Dollar bezahlt hat, die es der Stadt schuldet). Neben einem kleinen Jungen, dessen Eltern bei dem Versuch, ihn zu schützen, gestorben sind, posiert er lächelnd mit hochgerecktem Daumen. In der Air Force One von El Paso zurück nach Washington attackiert er die »widerlichen« Demokraten, »Fake News«, den Kongressabgeordneten Joaquin Castro und dessen Zwillingsbruder Julián, der für die Präsidentschaft kandidiert, Bernie Sanders, Elizabeth Warren und diverse Nachrichtenmoderatoren. Dann legt er sich schlafen.

★

Während der Präsident auf seiner Heilsmission in El Paso landet, verhaften 600 ICE-Agenten in Hühnerverarbeitungsbetrieben in Mississippi 680 Personen, darunter viele, die schon seit über zehn Jahren in den USA leben. Es ist die größte Razzia seit der Ära Bush. Kein Besitzer, kein Geschäftsführer der Betriebe wird wegen Beschäftigung »illegaler« Arbeiter verhaftet.

Wie üblich trifft die ICE keine Vorkehrungen für die Kinder der Verhafteten, von denen viele in den USA geboren und daher Staatsbürger sind. Die Kinder, die nicht wissen, was geschieht, stehen nach ihrem ersten Schultag vor versiegelten Häusern, und ihre Eltern sind fort. Kleinkinder in Tagesstätten werden nicht abgeholt. In dem Städtchen Forest, Mississippi, sammeln Nachbarn und andere die Kinder ein, geben ihnen zu essen und bringen sie in eine Turnhalle, wo sie die Nacht verbringen, während die Gemeinde überlegt, wie man ihnen helfen kann, da die Kinder jetzt obdachlos sind und manche ihre Eltern womöglich nie mehr wiedersehen.

★

Die Zoll- und Grenzschutzbehörde CBP lehnt zahllose private Spenden von Seife, Windeln und anderen notwendigen Dingen für die Kinder in den Lagern ab. Der geschäftsführende Direktor der CBP, Mark Morgan, sagt: »Ich war in Hafteinrichtungen, wo ich mir diese sogenannten Minderjährigen, siebzehn oder jünger, angesehen habe. Ich habe sie mir angesehen und auch ihre Augen ... und ich habe gesagt, der landet früher oder später in der MS-13 oder einer anderen Gang. Ganz eindeutig.«

★

Es wird angekündigt, dass Bewerber für eine Green Card jetzt einem Vermögenstest unterzogen werden. Legale Einwanderer haben nun kein Anrecht mehr auf eine dauerhafte Aufenthaltsgenehmigung, wenn sie einmal staatliche Hilfe wie Essensmarken oder die Gesundheitsfürsorge Medicaid erhalten haben. Ken Cuccinelli, der geschäftsführende Direktor der Einwanderungs- und Ausländerbehörde USCIS, der die Deportationen einmal mit Rattenbekämpfung verglichen hat, sagt, dass die Inschrift auf der Freiheitsstatue lauten sollte: »Gebt mir eure Müden und eure Armen, die auf eigenen Beinen stehen können und der Öffentlichkeit nicht auf der Tasche liegen.« Später fügt er noch hinzu, die tatsächliche Inschrift sei nur für Europäer bestimmt gewesen.

⋆

Fünf Prozent der regelmäßigen Zuschauer von Fox News glauben, dass »der weiße Nationalismus eine sehr ernste Bedrohung« ist. Bei denen, die Fox News nicht sehen, sind es 72 Prozent.

⋆

Der Präsident fordert Berater wiederholt auf, einen möglichen Kauf Grönlands zu prüfen – nicht als künftigen Besitz Trumps, sondern als amerikanische Kolonie: »Im Grunde ist das ein großer Immobiliendeal.« Die dänische Premierministerin nennt das Ansinnen »absurd«: »Zum Glück sind die Zeiten vorbei, in denen man andere Länder und Bevölkerungen kaufte und verkaufte.« Der Präsident ist wütend über den Affront. »Sie redet nicht mit mir. Sie redet mit den Vereinigten Staaten von Amerika. So redet man mit den Vereinigten Staaten nicht – jedenfalls nicht unter mir.« Später sagt er: »[Sie] können die Vereinigten Staaten von Amerika nicht so behandeln, wie sie uns unter Präsident Obama behandelt haben.« Er sagt ein geplantes Treffen in Kopenhagen ab.

★

Der Präsident besteht darauf, dass Israel die Kongressabgeordneten Tlaib und Omar von einem offiziellen Besuch ausschließt, weil sie »alle Juden hassen«. Netanjahu fügt sich. Er hat schon zugestimmt, dass der amerikanische Botschafter an seinen Kabinettssitzungen teilnimmt, einzigartig in der internationalen Diplomatie, und ein karges Stück Land in Trump Heights umbenannt, vielleicht in der Hoffnung auf einen Golfplatz.

★

Der Präsident retweetet folgenden Satz eines ultrarechten Kommentators: »Die Menschen in Israel lieben ihn, als wäre er der König von Israel. Als wäre er die Wiederkunft Gottes.« Der Präsident treibt dieses messianische Thema weiter, indem er, während er über seine Kühnheit spricht, einen Handelskrieg mit China anzuzetteln, in den Himmel blickt und sagt: »Ich bin der Auserwählte.« Man fragt sich, ob er sich damit auf Jesus oder Neo in *Matrix* bezieht.

★

Der Präsident twittert: »Unsere großartigen amerikanischen Unternehmen werden hiermit angewiesen, sofort nach einer Alternative zu China zu suchen, einschließlich, eure Unternehmen HEIM zu holen und eure Produkte in den USA herzustellen.« Später räumt er ein, seinen kaiserlichen Befehl noch einmal »überdacht« zu haben, bekräftigt aber seine Befugnis, ihn zu erteilen.

★

Beim G7-Treffen in Biarritz drängt der Präsident auf die Wiederzulassung Russlands, das nach der Invasion auf die Krim ausgeschlossen worden war. Auf einer Pressekonferenz erwähnt er Obama 18 Mal: »[Die Krim] wurde mehr oder weniger Obama weggenommen. Nicht Präsident Trump, sondern Präsident Obama. (…) Putin hat ihn ausgetrickst. Er hat ihn ausgetrickst. Präsident Putin hat Präsident Obama ausgetrickst.«

Der Präsident lässt die Runde zum Klimawandel sausen, wiederholt aber lang und breit seinen für ihn lukrativen Plan, das nächste Treffen in seinem Golfhotel in Miami abzuhalten, das schon bessere Zeiten gesehen hat – Mitglieder kündigen, und es ist von Bettwanzen die Rede. Bei *Fox & Friends* ist man begeistert, hat aber Bedenken wegen des Wetters. Einer der Freunde verweist darauf, dass es in Miami »in der letzten Augustwoche (…) schon verdammt heiß ist«. Ein anderer meint, dass dann auch Hurrikansaison sei. Aber ein dritter zerstreut ihre Bedenken: Das Treffen finde ja überwiegend drinnen statt, in klimatisierten Räumen, und »als Staatsmann begleitet einen immer einer mit Regenschirm«. Derweil hat Justizminister Barr schon das Trump International in Washington für eine 30.000 Dollar teure Weihnachtsfeier gebucht.

In Biarritz twittert der Präsident: »Die Frage, die mir die anderen Staatsmänner heute am häufigsten gestellt haben (…), ist die: ›Mr President, warum hassen die amerikanischen Medien Ihr Land so sehr? Warum machen sie Stimmung, damit es scheitert?‹« Keiner der anderen Staatsmänner wird namentlich genannt, keiner meldet sich.

★

Die nationale Ausländer- und Einwanderungsbehörde USCIS gibt bekannt, dass die während der Dienstzeit im Ausland geborenen Kinder von Militärangehörigen und Diplomaten nicht mehr automatisch als Bürger der USA betrachtet werden, sondern einen Antrag auf Einbürgerung stellen müssen. Diese verblüffende Entscheidung rührt nahezu sicher daher, dass John McCain auf einem Marinestützpunkt in der Kanalzone geboren wurde, wo sein Vater, ein Admiral, stationiert war. Der Präsident hat oft erklärt, McCain sei kein »Staatsbürger von Geburt« und somit gemäß der Verfassung auch nicht zur Bewerbung um das Präsidentenamt berechtigt.

★

Mit Beginn der Hurrikansaison gibt das Heimatschutzministerium bekannt, dass es 155 Millionen Dollar vom Katastrophenfonds zur ICE für erweiterte Haftlager transferiert.

Der Präsident teilt Beamten des Heimatschutzes seine Idee mit, wie er verhindern will, dass Hurrikane die Küsten der USA erreichen: »Ich hab's. Ich hab's. Hauen wir doch Atombomben rein. Die bilden sich vor der Küste Afrikas, und wenn sie dann über den Atlantik wandern, werfen wir eine Bombe ins Auge des Hurrikans, und die zerfetzt ihn. Ginge das denn nicht?« Die Beamten sagen, sie wollen es prüfen.

★

Die Einwanderungsbehörde teilt den Migrantenfamilien mit,
dass sie nicht mehr zu einem »medizinisch bedingten Auf-
schub« berechtigt sind. Davor durften sie in den USA bleiben,
solange ihre Kinder wegen Krebs, Gehirnlähmung, Mukovis-
zidose oder anderer schwerer Krankheiten behandelt wurden.
Jetzt müssen sie das Land binnen 33 Tagen verlassen, oder sie
werden abgeschoben.

★

Seit 1980 haben die USA jährlich rund 95.000 Flüchtlinge
aufgenommen. Dieses Jahr beträgt die Zahl 30.000. Die Regierung gibt bekannt, dass die Zahl nächstes Jahr bei null
liegen werde.

★

Eltern, die für das neue Schuljahr einkaufen, können nun
auch kugelsichere Rucksäcke erwerben, die in unterschiedlichen Farben und mit Disney-Prinzessinnen oder *Avenger*-
Superhelden darauf erhältlich sind. »Die Rucksäcke bieten
einen Level-IIIA-Schutz, was bedeutet, dass sie eine 44er
Magnum aufhalten, aber kein Schnellfeuergewehr.« Der Hersteller: »Wir sagen nicht: ›Kaufen Sie einen Rucksack, dann
ist alles gelöst.‹ Wir sagen, damit sind Sie im Fall einer Schießerei an der Schule besser dran als jemand, der keinen kugelsicheren Rucksack trägt.« Auch antiballistische Papierordner
sind erhältlich.

★

238

Marion Hammer, eine der mächtigsten Lobbyistinnen der *National Rifle Association,* sagt in Florida gegen ein geplantes Verbot von Sturmgewehren aus: »Wie sagen Sie einem kleinen zehnjährigen Mädchen, das ein Ruger 10/22 mit rosa Schaft zum Geburtstag geschenkt bekommen hat, dass ihr Gewehr eine Angriffswaffe ist und sie es der Regierung aushändigen soll, weil es sonst wegen einer schweren Straftat verhaftet wird?«

★

Aus einem Lager werden schriftliche Äußerungen von Kindern geschmuggelt:

»Man kann sich nicht bewegen, ohne über andere zu steigen. Wir kriegen keine Matte, also müssen wir auf dem kalten Betonboden schlafen. Dauernd brennt das Licht.«

»Wir können nicht schlafen, weil die Wärter alle Viertelstunde etwas brüllen.«

»Ich habe hier immer Hunger. Ich bin so hungrig, dass ich mitten in der Nacht davon aufwache. Ich habe zu große Angst, die Aufseher um mehr Essen zu bitten.«

»In den zwei Wochen, seit wie hier sind, haben sie uns ungefähr fünfmal für zwanzig Minuten rausgelassen.«

»Manchmal, wenn wir fragen, sagen sie uns, dass wir noch Monate hier sein werden.«

★

Bei einem Gespräch mit Reportern im Oval Office sirrt eine Fliege um den Kopf des Präsidenten. Er schlägt nach ihr: »Wie ist eine Fliege ins Weiße Haus gekommen? Ich mag das nicht. Ich mag keine Fliegen. Ich mag keine Fliegen.«

1. Juni–1. September 2019

Das amerikanische Virus:
zwei Wochen im Mai

1. Woche

Neben Toilettenpapier, das weiterhin knapp ist, sind auch
Beileidskarten ausverkauft, Geburtstagskarten dagegen reichlich vorhanden. Zu den beliebten Motiven zählen eine Spur
von Fußabdrücken im Sand und ein Engel mit in die Arm-
beuge gepresster Stirn.

In einem Interview mit Fox News im Lincoln Memorial, wo
Veranstaltungen traditionell nicht gestattet sind – die Zahl der
am Coronavirus gestorbenen Amerikaner ist gerade auf über
67.000 gestiegen –, erklärt der Präsident: »Es heißt immer,
niemand sei so schlecht behandelt worden wie Lincoln. Ich
glaube, mich behandeln sie schlechter.« Auf Twitter spottet
jemand mit Blick auf die riesige, im Hintergrund aufragen-
de Marmorstatue: »Das war die zweitschlechteste Vorstellung,
die Lincoln zu sehen bekommen hat.«[†]

Interne Papiere des Weißen Hauses rechnen für Ende Mai mit
täglich 3.000 Toten in Amerika. Der Präsident twittert: »Bekommen endlich tolle Kritiken für unseren guten Umgang mit

---

† Präsident Abraham Lincoln wurde 1865 während einer Theater-
vorstellung ermordet. [Anm. d. Ü.]

der Pandemie.« Er retweetet, das Magazin *Golf World* habe den Trump-Turnberry-Golfplatz zum besten Golfplatz in Großbritannien und Irland 2020 ernannt.

Der Senat tritt wieder zusammen, jedoch nicht wegen weiterer Pandemieverordnungen oder zur Prüfung der über sechshundert Gesetze, die der demokratisch geführte Kongress bereits verabschiedet hat, was der Mehrheitsführer im Senat, Mitch McConnell, ignoriert. Stattdessen ist ihm daran gelegen, einen jungen ultrarechten Protegé, den die Juristenvereinigung *American Bar Association* zuvor als »nicht qualifiziert« eingestuft hat, als Richter auf Lebenszeit zu bestätigen. Die meisten der hundert Senatorinnen und Senatoren sind älter und bei Versammlungen dieser Größe gefährdet, doch der behandelnde Arzt im Kapitol sagt, er habe nicht genügend Corona-Tests für alle.

Die Republikaner führen ihren Kampf gegen die Briefwahl weiter. (Sollte diese allgemein zulässig werden, so der Präsident, der selbst per Briefwahl abstimmt, werde »in diesem Land nie wieder ein Republikaner gewählt«.) Im April hatte die republikanische Mehrheit im Supreme Court von Wisconsin das persönliche Erscheinen der Wähler verlangt, was zu einem Anstieg der Infektionen führte. In Texas, wo Kranke per Brief wählen dürfen, verkündet der Justizminister, Angst vor Covid-19 sei eine »emotionale Reaktion (...) und kommt an sich nicht einer ›Krankheit‹ gleich«.

Schilder auf den vielen Anti-Lockdown-Demonstrationen in den Hauptstädten der Bundesstaaten, bei denen massenweise

Menschen ohne Gesichtsmasken Konföderierten- und »Geht mir nicht auf die Nerven«-Flaggen schwingen und (legal) Sturmgewehre mit sich herumtragen:

»FAKE CRISIS«

»COVID-19 IST EINE LÜGE«

»MEINE RECHTE ENDEN NICHT, WO EURE ANGST BEGINNT«

»FAUCI IST NICHT UNSER PRÄSIDENT«

»MEIN KÖRPER, MEINE ENTSCHEIDUNG«

»JESUS IST MEIN IMPFSTOFF«

»KEINE TYRANNEI IN TEXAS«

»GEBT MIR FREIHEIT ODER GEBT MIR COVID-19«

»SOZIALISMUS IST SCHEISSE«

»OPFERT DIE SCHWACHEN: ÖFFNET«

»ARBEIT MACHT FREI«

»ICH WILL ZUM FRISEUR«

Innerhalb von zehn Tagen nachdem der republikanische Gouverneur Brian Kemp Sport-, Wellness- und Tattoostudios, Friseursalons und andere lebenswichtige Dienstleistungen in Georgia wieder öffnen lässt, steigen die bestätigten Coronafälle in diesem Bundesstaat um 42 Prozent an.

Nino Vitale, Abgeordneter im Repräsentantenhaus von Ohio, erläutert, weshalb er gegen Gesichtsmasken ist: »Wir sind nach dem Ebenbild Gottes geschaffen. Woran denken wir bei Ebenbild, denken wir da an eine Brust oder unsere Arme? Wir denken an ein Gesicht. Ich will die Gesichter der Leute nicht verdecken (…). Sie sind das Ebenbild Gottes, und das will ich an meinen Brüdern und Schwestern sehen.«

Entsprechend der republikanischen Wahlkampfstrategie, Stimmung gegen China zu machen und von der Pandemie abzulenken, sagt Außenminister Mike Pompeo – der, wie viele Republikaner, Covid-19 als »chinesisches Virus« bezeichnet –: »Es gibt zahlreiche Beweise dafür, dass [das Virus] aus diesem Labor in Wuhan stammt. Bislang glauben die besten Experten offenbar, dass es menschengemacht ist. Ich habe derzeit keinen Grund, daran zu zweifeln.« Als man ihn auf die Aussage des Direktors der US-Nachrichtendienste hinweist, dass in der Wissenschaft Konsens darüber bestehe, dass das Virus weder künstlich hergestellt noch genetisch verändert worden sei, sagt Pompeo: »Das ist richtig. Dem stimme ich zu. Ja. Ich habe ihre Analyse gesehen (…). Ich habe keinen Grund, an deren Richtigkeit zu zweifeln.«

Auf die Frage, welche Lehren man aus der Coronakrise gezogen habe, antwortet der Präsident in einem Interview: »Nun, eines hat uns die Pandemie gelehrt, und zwar, dass ich Recht hatte.« Er erklärt: »Wissen Sie, die Leute haben zu mir gesagt: ›Nein, nein, das ist gut. Sie machen immer – Sie machen dies und jenes.‹ Jetzt stimmen mir diese Leute wirklich zu. Und das schließt die Medizin und anderes ein, wissen Sie.«

Die USA machen 4 Prozent der Weltbevölkerung aus, doch entfallen auf sie über 30 Prozent der bestätigten Coronainfektionen und 25 Prozent der bestätigten Todesfälle. Als es über 70.000 Tote gibt, wird bekanntgegeben, der Präsident plane, die Corona Task Force aufzulösen, bei der in täglichen Stellungnahmen die Mediziner Anthony Fauci und Deborah Birx im Vordergrund standen. Laut Vizepräsident Mike Pence

»spiegelt das alles wirklich die enormen Fortschritte wider, die wir als Land gemacht haben«. Er sagt nicht, dass es die Notwendigkeit von viel mehr Tests und Abstandsregeln widerspiegelt, auf denen die Task Force beharrt, ganz im Gegensatz zum Weißen Haus, das den Schwerpunkt auf die landesweite Lockerung der Beschränkungen legt. Nach einem öffentlichen Aufschrei wird beschlossen, sie weiterarbeiten zu lassen. Der Präsident sagt: »Ich hatte keine Ahnung, wie beliebt die Task Force ist.«

Das Virus tötet überproportional häufig Alte und Kranke und jene, die sie pflegen, Inhaftierte, arme Menschen, Fabrikarbeiter, Afroamerikaner, Hispanoamerikaner und Native Americans. Geschäftstüchtige Republikaner erwecken den Sozialdarwinismus zu neuem Leben und sind offenbar bereit, diese Menschen zu opfern, um die Wirtschaft wieder anzukurbeln. (Oder wie es der Vizegouverneur von Texas ausdrückte: »Es gibt Wichtigeres als das Leben.«) Libertäre Republikaner wollen nicht, dass uns der »Kindermädchenstaat« vorschreibt, was wir zu tun und zu lassen haben. Schutzmaßnahmen wie Gesichtsmasken gelten als Zeichen von typisch liberaler Schwäche. Einer Umfrage zufolge tragen weitaus mehr Demokraten beim Verlassen des Hauses Masken als Republikaner.

Auf seiner ersten Reise seit vielen Wochen fliegt der Präsident nach Arizona, um ein Werk der Firma Honeywell zu inspizieren, in dem Masken hergestellt werden. Bei seinem Rundgang trägt er keine Maske, und in der Fabrikhalle tönt *Live and Let Die* aus den Lautsprechern. Später antwortet er auf die Frage eines Reporters, weshalb er in der Maskenfabrik keine Maske getragen habe, dass er sehr wohl eine Maske getragen habe, nur nicht in Anwesenheit von Reportern.

Die Geschichte geht noch weiter: Axl Rose von Guns N' Roses, der den Song eingespielt hat, bezeichnet Steve Mnuchin auf Twitter als »Arschloch«, nachdem der Finanzminister bei Fox News erklärt hat, es sei »ein großartiger Zeitpunkt, Amerika zu erkunden«. Mnuchin, der offenbar intensiv damit beschäftigt ist, seine Beliebtheit in den sozialen Medien im Blick zu behalten, während die Wirtschaft zusammenbricht, meint zurücktwittern zu müssen: »Was haben Sie für das Land getan?« Leider ist er in Sachen Twitter ebenso wenig versiert wie in anderen Bereichen, und er fügt die Flagge Liberias als Emoji hinzu, die der Flagge der USA ähnelt. Rose twittert zurück: »Tut mir leid, mir war nicht klar, dass wir dem Wirtschaftsmodell Liberias nacheifern.«

Der Präsident beklagt sich erneut, die Regierung Obama habe ihm »kaputte Tests« – so eine Art Geschirr vielleicht – vermacht, obwohl es Covid-19 damals natürlich noch gar nicht gab. Bekanntlich wurden ihm Teams und Behörden, Experten und ein detailliertes Handbuch für den Umgang mit möglichen Pandemien vermacht, die aufgelöst, entlassen oder ignoriert wurden.

Bei Kindern, außer bei solchen mit Vorerkrankungen, führt das Virus nur selten zu schweren Krankheitsverläufen, doch wie sich herausstellt, können sie – wie in einer Science-Fiction-Geschichte – völlig symptomfrei und gesund sein und trotzdem eine hohe Viruslast tragen, was sie extrem ansteckend macht.

Im Laufe seiner Präsidentschaft lagen Trumps Beliebtheitswerte bei rund 40 Prozent. (Als einziger Präsident hat er es nie über 50 Prozent geschafft.) Jetzt, trotz Zehntausenden Toten und zig Millionen Arbeitslosen, liegen seine Beliebtheitswerte immer noch bei rund 40 Prozent. Man glaubte, viele würden ihre Meinung ändern, nachdem er die Injektion von Chlorbleiche als Mittel gegen das Virus empfohlen hatte, aber das taten sie nicht.

Republikaner glauben, es gebe weniger Tote als offiziell vermeldet, so eine Studie. Fox News behauptet, die Zahlen seien stark übertrieben, und in vielen Fällen hätte einfach eine Lungenentzündung oder eine Grippeinfektion zum Tod geführt. Der Präsident stimmt dem zu. Zuvor hatte er die Krankenhäuser beschuldigt, die Zahlen der Covid-19-Toten aufgebläht zu haben, um mehr Geld von der staatlichen Krankenversicherung Medicare zu kassieren.

Im Oval Office sind mehrere Krankenschwestern versammelt, um dabei zu sein, wenn der Präsident eine Erklärung zu Ehren des *National Nurses Day* unterzeichnet. Die Präsidentin des Amerikanischen Krankenpflegeverbands AANP sagt: »PPE-Masken sind sporadisch vorhanden, aber es ist machbar, und wir tun, was zu tun ist. Wir sind Krankenpfleger, wir können uns anpassen.« Worauf der Präsident blafft: »Bei Ihnen sporadisch, bei vielen anderen aber nicht sporadisch.« (Die Beschaffung und Verteilung von Schutzausrüstung und anderer medizinischer Ausstattung lag nicht in den Händen des Katastrophenschutzes, der Gesundheitsbehörden oder gar des Militärs, sondern eines Teams junger Freiwilliger aus

Risikokapitalunternehmen unter der Leitung des Schwiegersohns des Präsidenten, Jared Kushner. Auf ihrer »VIP-Liste« von Leuten, die bevorzugt informiert wurden, standen Mitglieder von Trumps Club Mar-a-Lago, Kommentatoren von Fox News und republikanische Spender. Da Kushner, ein erfolgloser Immobilienentwickler, auch für den Frieden im Nahen Osten, die Reform der Strafjustiz, die Bauaufsicht bei der Grenzmauer zu Mexiko, die diplomatischen Beziehungen zu China, den Wahlkampf für die Wiederwahl 2020 und die Schaffung eines »Büros für amerikanische Innovation« zuständig ist, das die Arbeitsweise der Regierung von Grund auf neu gestalten soll, waren seine Bemühungen um diese Ausrüstung bislang katastrophal, und es herrscht weiterhin landesweit Mangel.)

Während die Schulen geschlossen sind, sagen 45 Prozent der Männer, dass sie mehr Zeit mit Heimunterricht verbringen als ihre Frauen. 3 Prozent der Frauen sagen, dass ihre Männer mehr Zeit mit Heimunterricht verbringen als sie.

Am Tag, an dem die Zahl der bestätigten Todesfälle auf 75.000 steigt, twittert Brad Parscale, Trumps Wahlkampfmanager mit augenscheinlich verschwommenen Erinnerungen an *Star Wars*: »Fast drei Jahre lang haben wir eine vernichtende Wahlkampagne aufgebaut (Todesstern). (…) In ein paar Tagen drücken wir zum ersten Mal auf FEUER.« Als er dafür mit Spott überzogen wird, jammert er, die Bezeichnung Todesstern für die Wahlkampagne sei eine Erfindung der Medien.

Der Präsident mag keine Tests, denn mehr Tests bedeuten höhere Infektionszahlen: »Mit all diesem Geteste stellen wir uns selbst in ein schlechtes Licht.«

Die neue Pressesprecherin, Kayleigh McEnany, stellt klar: »Ja, gut, jetzt räumen wir mal mit einem Mythos über die Tests auf. Würden wir in diesem Augenblick jeden einzelnen Amerikaner in diesem Land testen, müssten wir sie eine Stunde später schon wieder testen, und eine Stunde später nochmal. Weil man sich theoretisch jederzeit mit diesem Virus infizieren kann. Die Idee, ein jeder müsse sich testen lassen, ist also ganz einfach Unsinn.«

Ein Bericht des Zentrums für Seuchenkontrolle CDC mit dem Titel *Guidance for Implementing the Opening Up America Again Framework*[†] wird vom Weißen Haus blockiert, weil darin die schrittweise Öffnung von Schulen, Kirchen und Unternehmen empfohlen wird. Roger Severino, ein christlicher Prediger, der inzwischen das Bürgerrechtsbüro des Gesundheitsministeriums leitet, sagt: »Regierungen sind verpflichtet, die Öffentlichkeit anzuleiten, wie man sich während dieser Krise schützen kann, und können dem durchaus nachkommen, ohne den Leuten vorzuschreiben, wie sie ihre Gottesdienste abzuhalten haben.« Justizminister William Barr, der Kirchen verteidigt, die darauf bestehen, trotz des Lockdowns Gottesdienste abzuhalten, beruft sich auf ein Gesetz, das ihn ermächtigt, jegliche »Muster oder Praktiken« verfassungswidrigen Verhaltens – in diesem Fall gegen die »Religionsfrei-

---

† Richtlinien zur Umsetzung des Amerika-Wieder-Öffnen-Rahmens.

heit« – zu untersuchen und gerichtlich zu unterbinden. Das Gesetz, das der Präsident zuvor außer Kraft setzen wollte, wurde während der Regierungszeit Clintons erlassen, nachdem der Afroamerikaner Rodney King von Polizeibeamten in Los Angeles zu Tode geprügelt worden war, und sollte Racial Profiling seitens der Polizei unterbinden.

Derjenige aus dem riesigen Beamtenapparat des Gesundheitsministeriums, der die Pandemiebekämpfung in dessen zahlreichen Behörden überwacht, war zuletzt als Züchter australischer Labradoodles tätig.

Als die Zahl der bestätigten Todesfälle auf über 78.000 steigt, teilt der Präsident einer Gruppe von republikanischen Abgeordneten mit, das Coronavirus werde »ohne Impfstoff verschwinden«. Zwar werde es möglicherweise »wieder aufflackern«, Viren aber »sterben, wie alles andere auch«.

Es stellt sich heraus, dass der größte amerikanische Produzent von Gesichtsmasken im Januar wiederholt die Regierung kontaktiert habe, da man mit Bestellungen aus dem Ausland überschwemmt worden sei und man den USA eine Million Masken pro Tag anbieten wollte. Die Firma erhielt keine Antwort.

Der Präsident sagt: »Ich habe viel von Richard Nixon gelernt. (…) Ich beschäftige mich mit Geschichte.«

Wegen der hohen Infektions- und Sterberate unter den Native Americans schickt Ärzte ohne Grenzen Teams zur Navajo-

Nation, wo es kaum ausreichende Gesundheitsversorgung gibt. In South Dakota richten die Cheyenne River Sioux Kontrollpunkte ein, um Außenstehende fernzuhalten, die das Reservat ohne triftigen Grund besuchen möchten. Die republikanische Gouverneurin Kristi Noem hat ihren Bundesstaat, wie die meisten republikanischen Gouverneure, für »geöffnet« erklärt und droht mit juristischen Schritten. Der Stammesführer Harold Frazier sagt: »Unbedarfte Äußerungen und scharfe Rhetorik ermutigen Leute, die in dieser Lage ohnehin unter Stress stehen, zu unvernünftigen Taten.«

Im West Wing des Weißen Hauses, wo keine Gesichtsmasken getragen und Abstandsregeln nicht eingehalten werden, fallen die Tests bei dem Kammerdiener des Präsidenten (der ihm seine Cheeseburger und Diet Cokes serviert), der Pressereferentin des Vizepräsidenten (vor allem bekannt als Ehefrau von Stephen Miller, dem immigrantenfeindlichen Architekten der Einwanderungspolitik) und Ivanka Trumps persönlicher Assistentin positiv aus.

Die Schlagzeile auf der Titelseite der *New York Times* lautet: »HÖCHSTE ARBEITSLOSIGKEIT SEIT DER WELT-WIRTSCHAFTSKRISE«. An diesem Morgen twittert der Präsident, neben den üblichen Attacken auf das FBI, Adam Schiff[†] und die Obama-Russland-Verschwörung sowie Lob für einen Trump-Golfplatz: »Wie kommt es, dass all die Po-

---

[†] Der demokratische Kongressabgeordnete und Vorsitzende des Geheimdienstausschusses spielte eine prominente Rolle im Amtsenthebungsverfahren gegen Donald Trump 2019/20. [Anm. d. Ü.]

litikexperten und Berater, die ich so leicht & brutal schla-
ge, Leute, die ihren Kunden Rechnungen stellten, die den
Wert ihrer Leistungen überstiegen, so dermaßen ›verstört‹
sind, wenn es um euren Lieblingspräsidenten geht, mich.
Diese Leute sind vollkommen verrückt!« Es ist unklar, was genau der Auslöser dafür war. Er twittert außerdem seinen neu-
en Wahlkampf-Slogan »TRANSITION TO GREATNESS«,
Übergang zu Größe, was sich vermutlich nicht auf die Trans-
gender-Community bezieht.

Kalifornien kündigt an, allen Wählern für die Präsidentschaftswahlen sowie für eine unmittelbar bevorstehende Kon-
gressnachwahl Briefwahlunterlagen zuzusenden. Der Präsident twittert: »Sie versuchen, noch eine Wahl zu stehlen. Da
draußen ist alles manipuliert. Diese Stimmen dürfen nicht
zählen. BETRUG!« (Dabei verliert die demokratische Kandidatin.)

Der Sport kehrt zurück nach Amerika, mit einer Meister-
schaft im Ultimate Fighting in Florida. Das ist eine Lieb-
lingssportart des Präsidenten, der die Veranstaltung mit einer
Videobotschaft eröffnet: »Lasst uns spielen. Ihr haltet Abstand
und tut, was ihr noch so tun müsst. Aber wir brauchen den
Sport. Wir wollen unseren Sport zurück.« Er erklärt nicht, wie
sich bei Ultimate Fighting Abstand halten lässt.

35 Prozent der Haushalte mit Kindern haben nicht mehr genügend Geld für Lebensmittel. Der Präsident wirbt für ein
500-Millionen-Dollar-Projekt, um die Grenzmauer schwarz
anzustreichen.

2. Woche

Der Präsident ist dafür bekannt, jene symbolischen Gesten zu meiden, die amerikanische Präsidenten üblicherweise in Krisenzeiten heranziehen: Beileidsbekundungen, Anrufe bei Hinterbliebenen, Krankenhausbesuche, Trauerbeflaggung zu Ehren von verstorbenem Personal im Gesundheitswesen und verstorbenen Ersthelfern. Normalerweise werden ehemalige Präsidenten gebeten, an demonstrativen Einheitsbekundungen mitzuwirken. Da Trump sie ignoriert, kündigen Bill Clinton und Barack Obama aufwendige Online-Veranstaltungen zu Ehren all jener Studenten an, deren Abschlussfeiern in diesem Jahr ausfallen; George W. Bush, der selten öffentlich spricht, veröffentlicht ein professionelles Video mit Musik und Bildern von medizinischem Personal und »normalen« Bürgerinnen und Bürgern mit Masken. Er sagt: »Vergessen wir nicht, wie klein die Unterschiede zwischen uns angesichts dieser gemeinsamen Bedrohung sind. Letzten Endes sind wir keine Parteikrieger. Wir sind Menschen, gleich verletzlich und gleich wunderbar vor Gott. Gemeinsam steigen wir empor oder stürzen nieder, und wir sind fest entschlossen, emporzusteigen.« Darauf antwortet der amtierende Präsident in einem Tweet: »Oh, übrigens, ich schätze die Botschaft von Ex-Präsident Bush, aber wo war er mit seinem Aufruf zur Überparteilichkeit während des Impeachments? Nirgendwo sprach er sich gegen den größten Schwindel in der Geschichte Amerikas aus!«

Als die Zahl der bestätigten Todesopfer auf 80.000 steigt und mindestens 1,3 Millionen Menschen infiziert sind, twittert und retweetet der Präsident in einem fort, fast ausschließlich zu den vor über einem Jahr abgeschlossenen Untersuchungen des Sonderermittlers Robert Mueller: »Das bei weitem größte politische Verbrechen in der Geschichte Amerikas!« und »OBAMAGATE!«. (Die einzige Ausnahme ist ein knappes »HAPPY MOTHER'S DAY!«.) Der Obama-Mueller-Comey-FBI-Verschwörung wurde jüngst neues Leben eingehaucht – so sie je weg war –, jetzt wo Justizminister William Barr die Anklage gegen den ehemaligen Sicherheitsberater Michael Flynn hat fallen lassen, obwohl Flynn sich bereits zweimal schuldig bekannt hat, dem FBI gegenüber in Bezug auf seine Unterredungen mit dem russischen Botschafter gelogen zu haben. Dieser politische Schachzug des traditionell unparteiischen Justizministeriums veranlasst über 2.000 ehemalige Mitarbeiter des Ministeriums, eine Petition zu unterzeichnen, in der Barrs Rücktritt gefordert wird. Für den Präsidenten und seine Verbündeten gilt Flynn damit als vollständig entlastet, und es ist die Rede davon, ihn zurück ins Weiße Haus zu holen.

In einem an die Öffentlichkeit durchgesickerten Gespräch mit ehemaligen Mitarbeitern bezeichnet Obama die Reaktion auf das Coronavirus als »eine absolut chaotische Katastrophe«. Der wichtigste Wirtschaftsberater im Weißen Haus, Larry Kudlow, ein früherer Fernsehmoderator, beklagt sich: »Ich verstehe nicht, was Präsident Obama meint. In meinen Ohren klingt es einfach so verdammt politisch.« Mitch McConnell bedient das Klischee vom weißen Südstaatler, der dem Schwarzen seinen Platz zuweist, und sagt: »Obama hätte den Mund halten sollen.«

Die Hälfte der Amerikaner ist über ihren Arbeitgeber krankenversichert. Bleibt die Arbeitslosenquote bei 20 Prozent, verlieren schätzungsweise 43 Millionen Menschen ihren Versicherungsschutz. Die Regierung betreibt weiterhin ein Verfahren vor dem Supreme Court, das nach den Worten des Präsidenten die alternative staatliche Gesundheitsfürsorge, den *Affordable Care Act* (auch bekannt als »Obamacare«), endgültig abschaffen würde.

In Wisconsin fallen die Tests von mindestens 72 Teilnehmern einer Demonstration gegen den Lockdown – bei der Redner erklärten, sie hätten keine Angst, für die Wiederbelebung der Wirtschaft zu sterben, und Demonstranten Schilder hochhielten, die die Pandemie als Schwindel bezeichneten – positiv aus.

Der Präsident twittert: »Die Coronazahlen sehen VIEL besser aus und gehen fast überall zurück. Es gibt große Fortschritte!« Das stimmt nicht im Entferntesten. Er twittert: »Unser Umgang mit dem Coronavirus wird sehr gelobt, außer von den Fake News. Sie sind eine Schande für Amerika!« Immer wieder twittert er »OBAMAGATE!«. Innerhalb von 24 Stunden verschickt er über hundert Tweets und Retweets, wobei Lesen und Schreiben derselben eindeutig den Großteil seiner Zeit in Anspruch genommen haben dürfte.

Es liegt auf der Hand, dass es weit mehr Covid-19-Tote gibt als offiziell bestätigt. In New York City beispielsweise starben zwischen dem 11. März und dem 3. Mai unabhängig von der Todesursache insgesamt 24.172 Menschen mehr als sonst in diesem Zeitraum. Bei 13.831 davon hatten Tests Covid-19 als Todesursache bestätigt, während weitere 5.048 als Verdachtsfälle eingestuft wurden. Bleiben 5.293 Tote – 22 Prozent aller Toten, die über die Norm hinausgehen. Im vergangenen Monat kannten 26 Prozent der Amerikaner jemanden, der infiziert war; jetzt sind es 40 Prozent.

Der Präsident hasst die staatliche Post, die er »einen Witz« nennt, und versucht, ihre Mittel so weit zu kürzen, dass sie privatisiert würde. Die Antipathie des Präsidenten rührt offenbar daher, dass Amazon, wie die meisten großen Massengutversender, ermäßigte Gebühren zahlt. Amazon befindet sich größtenteils im Besitz von Jeff Bezos, der nicht nur, im Gegensatz zum Präsidenten, ein echter Multimilliardär ist, sondern auch Inhaber der *Washington Post*, eines »Fake-News«-Hauptlieferanten. (In ihrer seit der Amtseinführung laufend aktualisierten Liste verzeichnet die *Post* bislang 18.000 Lügen Trumps.) In letzter Zeit hat der Präsident dies mit dem Feldzug der Republikaner gegen die Briefwahl in Verbindung gebracht. Schließlich stellt die Post die Stimmzettel zu.

Als die Tests von immer mehr Menschen, die im West Wing arbeiten oder den West Wing durchlaufen, positiv ausfallen, führt das Weiße Haus widerwillig Schutzmaßnahmen ein, darunter Masken und die Tests, die im Rest des Landes kaum verfügbar sind. Der Präsident und der Vizepräsident aber weigern sich nach wie vor, Masken zu tragen.

Auf einer Pressekonferenz, bei der eine Journalistin fragt, weshalb das Weiße Haus noch immer für die Öffnung des Landes plädiere, während es sich selbst in einer Art Lockdown befinde, antwortet der Präsident ausweichend und sagt dann: »Ich verstehe Sie sehr gut – besser als Sie sich selbst verstehen.«

Auf die Frage, welches jenes »größte politische Verbrechen in der Geschichte Amerikas« sei, das Obama laut Trumps Tweets vom Vortag begangen habe, sagt er: »Obamagate. Das läuft schon seit langer Zeit.« Auf die Frage, welches konkrete Verbrechen er meine, antwortet er: »Sie wissen, um welches Verbrechen es sich handelt. Das Verbrechen ist allen sehr klar ersichtlich.«

Mit mehreren amerikanischen Flaggen und zwei riesigen Transparenten mit der Aufschrift »Amerika bei Tests weltweit führend« im Hintergrund, erklärt der Präsident, die USA testeten täglich 300.000 Menschen, »weltweit unübertroffen und konkurrenzlos, nicht mal ansatzweise«, was nicht stimmt. Auf die Frage einer asiatisch-amerikanischen Journalistin, weshalb er dies als »globalen Wettbewerb« ansehe, anstatt sich auf die schleppend laufenden Tests hierzulande und die verstorbenen Amerikaner (die er so gut wie nie erwähnt) zu konzentrieren, antwortet der Präsident: »Vielleicht sollten Sie besser *China* diese Frage stellen. Fragen Sie nicht mich, stellen Sie *China* diese Frage, ok?« Als sie fragt, weshalb er ausgerechnet sie auffordert, sich an China zu wenden, verlässt er unvermittelt die Pressekonferenz.

Kaum thematisiert wurde bislang die Verteilung eines Impfstoffs – sollte je einer entwickelt werden – an Hunderte Millionen von Menschen. Weltweit mangelt es an Flusssand, der für das medizinische Glas der Ampullen benötigt wird. Die meisten Spritzen und Latexkappen werden in China oder Indien hergestellt, wo man sie möglicherweise lieber für die eigenen Bürger behalten wird. Amerikanische Hersteller sagen, sie bräuchten 18 Monate, um genügend Spritzen herzustellen, vorausgesetzt, sie würden ab sofort Überstunden machen. Glücklicherweise werden womöglich weniger Spritzen benötigt, denn ein Drittel der Amerikaner ist unentschlossen, was eine Impfung angeht, und 20 Prozent der Republikaner sagen, sie würden sich auf jeden Fall weigern.

Wie sich herausstellt, erkranken Kleinkinder schwer an einer neuen Krankheit – manche sterben daran –, die nicht Covid-19 ist, die auf unbekannte Weise jedoch damit in Verbindung steht. Neben schweren Atemwegserkrankungen verursacht das Virus auch Schlaganfälle bei ansonsten gesunden, nicht besonders gefährdeten Erwachsenen und hinterlässt bleibende Organschäden bei manchen Genesenden.

82 Prozent der Amerikaner glauben an Gott. 62 Prozent davon glauben, das Virus sei eine Botschaft und ermahne die Menschheit, sich zu ändern; 55 Prozent glauben, Gott werde sie schützen.

Während die Zahl der Toten auf 82.000 steigt, verbringt der Präsident seinen Vormittag auf Twitter, lobt die Grenzmauer und attackiert die üblichen Demokraten, TV-Kommentatoren, einen Fernsehkomiker (»Quoten im Keller, Scheiß-Show!«), »OBAMAGATE« und die »Fake News«. Während er sich die Sendung »Morning Joe« ansieht, bezichtigt er den Moderator Joe Scarborough, der Kritik am Präsidenten geübt hat, des Mordes – eine beliebte Verschwörungstheorie in bestimmten

Ecken des Internets. (2001 starb eine junge Frau aus seinem Team, eindeutig an einem Herzinfarkt; Joe befand sich zu dieser Zeit in einer anderen Stadt.) Als man ihn vor laufender Kamera auf den Tweet aufmerksam macht, blickt Morning Joe in die Kamera und sagt dem Präsidenten, er solle seinen Fernseher ausschalten und zur Arbeit gehen.

Bei einer Anhörung vor dem Senat – wo viele Republikaner betont keine Masken tragen – bekennt Robert Redfield, der Direktor des CDC, die »Abmilderung« (der landesweite Lockdown) resultiere aus der Tatsache, dass es – anders als in Südkorea und anderen Staaten – zwischen Ende Januar und Ende März nicht einmal Versuche der »Eindämmung« gab. Was natürlich der wiederholt vorgebrachten Version des Präsidenten widerspricht, der von sich behauptet, »Millionen Menschenleben« gerettet zu haben, indem er Besucher aus China nicht mehr ins Land ließ. Unerwähnt lässt er, dass der Einreisestopp verhängt wurde, nachdem die großen Fluggesellschaften bereits Flüge eingestellt hatten; dass es Ausnahmen für 40.000 heimkehrende Amerikaner gab, die bei der Ankunft weder getestet noch unter Quarantäne gestellt wurden; und dass das Virus die USA bereits erreicht hatte, sowohl von China als auch von Europa aus.

Auf Redfield folgt Dr. Fauci, der bestätigt, dass es landesweit täglich nun mindestens 25.000 Neuinfektionen und 2.000 Todesfälle gebe: »Haben wir es unter Kontrolle? Nein.« Er stimmt der Einschätzung zu, dass es sicherlich mehr Tote gebe als offiziell vermeldet, und bezweifelt, dass die Schulen im Herbst wieder öffnen können. Werden die Beschränkungen zu früh gelockert, »besteht die konkrete Gefahr, eine Infektionswelle auszulösen, die möglicherweise nicht zu kontrollieren ist«. (Am Vortag hatte der Präsident – der sich sein mürrisches Auftreten nach eigener Aussage bei Winston Churchill abgeschaut hat und neuerdings zu Kriegsrhetorik neigt – erklärt: »Wir haben im richtigen Moment gehandelt, und wir haben obsiegt.«)

Faucis Aussage kommt bei den Republikanern nicht gut an. Bei Fox nennt Tucker Carlson ihn einen »nicht gewählten Beamten«, dem das »demokratische Establishment auf Biegen und Brechen noch mehr Macht verleihen will«. Später sagt er: »Dieser Typ, Fauci, liegt vielleicht noch mehr daneben als irgend so ein Durchschnitts-Epidemiologe.«

Indessen kündigt Fox News an – der Sender, der seine Zuschauer dazu auffordert, »Freiheit über Angst zu stellen«, und die Geschäfte dazu, wieder zu öffnen –, die Schließung der eigenen Studios um einen weiteren Monat zu verlängern. Inzwischen wird Diskussionen über Michael Flynn dort täglich mehr Sendezeit gewidmet als der Pandemie.

Ein rechtsgerichteter Kolumnist kommentiert die Weigerung des Präsidenten, eine Maske zu tragen: »In Wahrheit demonstriert Trump in einer Zeit, die nach starker Führung verlangt, amerikanische Stärke und Gesundheit. (…) Ein Bild von Donald Trump mit Gesichtsschutz (…) wäre ein erschütterndes Bild der Schwäche. Es würde signalisieren, dass die Vereinigten Staaten diesem unsichtbaren Feind aus China gegenüber derart machtlos sind, dass sich sogar ihr Präsident hinter einer Maske verstecken muss.«

Die Beliebtheitswerte des Präsidenten bei den über 75-Jährigen sinken innerhalb eines Monats von 56 auf 34 Prozent. Obwohl sie bei den letzten Wahlen mehrheitlich für Trump stimmten, können sie der republikanischen Forderung, die älteren Menschen mögen sich opfern, um die Wirtschaft zu retten, wenig abgewinnen.

Der Verband der Giftinformationszentren AAPCC berichtet, die Fälle versehentlicher Vergiftungen mit Bleiche und anderen Haushaltsreinigern hätten sich fast verdoppelt, seit der Präsident die Injektion von Desinfektionsmitteln als Medikament gegen das Virus erwogen hat.

Auf den Termin der Präsidentschaftswahlen im November angesprochen, sagt Jared Kushner in einem Interview: »Ich bin nicht sicher, ob ich mich da festlegen kann«. Und: »Das liegt in zu weiter Zukunft, das lässt sich noch nicht sagen.« Als man ihn später an die Verfassung erinnert, rudert er zurück.

Nachdem der Direktor des CDC die Regierung vor dem Senat kritisiert hat, fordert Dr. Birx, das CDC solle »mutmaßliche Todesfälle durch Covid-19« ausklammern und die Zahl der gemeldeten Todesfälle rückwirkend auf solche begrenzen, die mittels Labortest tatsächlich bestätigt wurden. So würde sich die Zahl im Ganzen verringern und vielleicht weniger düster wirken. Birx, die anders als Fauci zunehmend wie der Präsident klingt, sagt: »Dem CDC kann ich bei nichts trauen.«

In Texas errichten mit halbautomatischen AR-15-Gewehren, taktischen Schrotflinten, Tarnwesten und Walkie-Talkies bewaffnete Milizionäre Grenzposten, um die Polizei von Geschäften fernzuhalten, die trotz teilweise bestehender Beschränkungen wieder öffnen wollen. Vor Crash-N-Burn Tattoo sagt der Anführer: »Wir gehen da raus, weil wir Frieden wollen, aber wir bereiten uns auf einen Krieg vor.« Einer der texanischen Freiheitskämpfer, die Big Daddy Zane's Bar bewachen, sagt: »Wir tun nicht nur so. Wir sind bereit zu sterben.«

Nach Angaben der US-Notenbank wurden im April fast 40 Prozent aller Amerikaner entlassen, die weniger als 40.000 Dollar im Jahr verdienen. Mehr als 36 Millionen Menschen haben Arbeitslosenhilfe beantragt. Die tatsächlichen Arbeitslosenzahlen sind unbekannt, da Millionen weitere Menschen aus verschiedenen Gründen keinen Anspruch auf Unterstützung haben. Dazu gehören illegale Immigranten und – eine typische Grausamkeit der immigrationsfeindlichen Politik der Regierung – amerikanische Staatsbürger, die mit illegalen Immigranten verheiratet sind.

Als die Zahl der bestätigten Todesfälle auf 85.000 steigt, sagen 79 Prozent der Republikaner, sie seien zuversichtlich, dass das Virus binnen weniger Wochen eingedämmt sei.

The Federalist, das intellektuelle Organ des Trumpismus, warnt vor einem Land, »das von [einer] Diktatur der Ärzte regiert wird«: »Die barbarische, panische Überhöhung nackten Lebens zum einzig bewahrenswerten Gut wird immer beschämender.« Es fragt: »Darf die Nation verlangen, die Zukunft unserer Kinder zu zerstören, damit weniger als ein Prozent unserer Bevölkerung am Leben erhalten wird?« »Die Frage, ob es für die Nation nicht besser wäre, ein paar hunderttausend Menschen sterben zu lassen, erscheint harsch. (…) Doch der Realität offen ins Auge zu sehen ist nicht gefühllos«.

Die konservative Mehrheit im Supreme Court von Wisconsin – der im April verfügt hatte, dass die Stimmabgabe bei den regionalen Vorwahlen persönlich zu erfolgen habe, was zu einem Anstieg der Infektionen führte – hat nun entschieden, dass der vom demokratischen Gouverneur verhängte Lockdown, den die Richter mit der Internierung japanischer Amerikaner während des Zweiten Weltkriegs vergleichen, nicht rechtmäßig sei. Innerhalb weniger Stunden sind die Bars in Wisconsin brechend voll. Zwei Wochen nachdem in Texas nur ein Teil der Beschränkungen gelockert wurde, liegen die Todes- und Infektionszahlen pro Tag so hoch wie nie.

In einem Interview bei Fox bekräftigt der Präsident: »Sehen Sie, es ist nichts Gutes an all dem, was mit der Seuche passiert ist, ok? Vor allem der Tod. Aber so viel ist klar, sie hat gesagt: ›Trump hatte Recht.‹«

Auf seiner zweiten Reise nach vielen Wochen fliegt der Präsident nach Pennsylvania, einem *Swing State*, angeblich um eine Einrichtung zur Verteilung medizinischer Ausrüstung zu inspizieren. Wie immer trägt er keine Maske, und wie immer attackiert er in seiner Rede vor den Angestellten die Medien und »Sleepy Joe« Biden. Er sagt: »Testet man die Leute, stellt man fest, dass mit ihnen etwas nicht stimmt. Würden wir nicht testen, hätten wir nur sehr wenige Fälle.«

In einem seltenen Moment des Lobes für die Beschäftigten im Gesundheitswesen sagt der Präsident: »Es sind Krieger, oder nicht? Wenn man sieht, wie sie diese Krankenhäuser betreten und (...) sich einwickeln, und die Türen öffnen sich, und sie gehen durch die Türen, und sie sind noch nicht mal bereit, durch diese Türen zu gehen. Sollten sie wohl auch besser nicht tun. Sie laufen in den Tod, so wie Soldaten in die Kugeln hineinlaufen, im wahrsten Sinne des Wortes. Das sehe ich bei den Ärzten und den Pflegern und so vielen anderen. Sie betreten diese Krankenhäuser, es ist unglaublich, das zu sehen. Es ist schön, das zu sehen.« (Sprecher verschiedener Gesundheitsorganisationen finden nicht nur den Tod ihrer Mitarbeiter nicht schön, sondern weisen angesichts des anhaltenden landesweiten Mangels an PPE-Masken auch darauf hin, dass Soldaten wenigstens bewaffnet sind.)

Es stellt sich heraus, dass die Testkits, die für die Mitarbeiter im Weißen Haus verwendet werden, ein Drittel der positiven Fälle nicht erkennen.

Der Präsident fordert, der Senat solle Barack Obama vorladen, »um über das größte politische Verbrechen und den größten Skandal in der Geschichte der USA auszusagen«. Er hat noch immer nicht verraten, um welches Verbrechen es sich dabei handelt, obwohl er lebenslängliche Haftstrafen sowohl für Obama als auch für Biden angeregt hat.

Ein Reporter fragt die Pressesprecherin des Weißen Hauses nach dem Verbrechen, und sie antwortet: »Das ist schließlich immer noch Aufgabe von Reportern – genau [diese] Fragen zu beantworten.« Der Reporter weist darauf hin, dass

es die Aufgabe von Pressesprechern sei, Fragen zu beantworten.

Der Präsident wechselt motivisch von *Star Wars* zu *Star Trek*
und verkündet die *Operation Warp Speed* – »Das bedeutet groß,
und es bedeutet schnell« – für die Entwicklung eines Impfstoffs. Er vergleicht sie mit dem Manhattan-Projekt, sagt aber,
das Land werde so oder so wieder geöffnet, »mit Impfstoff
oder ohne«, was unsere Aussicht, lange und in Frieden zu leben, schmälert.

Später an diesem Tag präsentiert ein ungewöhnlich breit
grinsender Präsident die Flagge seiner neuen Abteilung der
Streitkräfte, der *Star Force*. Die Flagge ist anscheinend von
den *Star-Trek*-Insignien inspiriert. Er verrät, die Star Force
entwickele derzeit eine »Super-Duper-Rakete«.

Als Vorgeschmack auf den kommenden Wahlkampf bezeichnet Donald Trump jr. Joe Biden auf Instagram als »Pädo-
philen« und postet Fotos, auf denen er Kinder umarmt. Die
Fotos entstanden bei Vereidigungszeremonien, als Biden Fa-
milienmitglieder begrüßte. Bei Fox behauptet Eric Trump,
die Pandemie werde von den Demokraten »ausgeschlachtet«,
um seinen Vater von Wahlkampfveranstaltungen abzuhalten,
und das Coronavirus werde nach der Wahl »auf magische
Weise plötzlich weggehen und verschwinden«.

In 48 Staaten wurden die Beschränkungen entgegen der
Empfehlung der Gesundheitsexperten nun wieder ganz oder
teilweise gelockert. Der Präsident retweetet jemanden aus

Florida: »Oh-oh, möchte nicht, dass die Kommunisten der blauen Staaten uns hier in Florida in den Bars sehen, wie wir so ganz ohne Masken Spaß haben. Könnte ihnen die Geschichte zerhauen, dass wir alle sterben, wenn wir nicht für immer und ewig in einer Blase leben!«

Bei einer virtuellen Rede vor den Absolventen historisch schwarzer Hochschulen sagt Obama: »Vor allem hat diese Pandemie vollständig und endgültig mit der Vorstellung aufgeräumt, dass so viele Verantwortliche wüssten, was sie tun. Viele von ihnen geben noch nicht einmal vor, Verantwortung zu tragen.« Worauf der Präsident per Twitter antwortet: »OBAMAGATE!« Später am selben Tag beschwört Obama in einer im Fernsehen übertragenen Rede an High-School-Absolventen Freundlichkeit, Aufrichtigkeit und Respekt anderen gegenüber, was weithin wiederum als Angriff auf Trump gewertet wird.

In einer chinesischen Studie über die Anzahl von Personen, mit denen ein einzelner Infizierter in Kontakt war, wird »Kontakt« nicht nur als körperliche Berührung, etwa ein Händedruck, definiert, sondern auch als Gespräch, das aus drei oder mehr Wörtern besteht. In einer anderen Studie wurde nachgewiesen, dass Menschen einen Tag bevor sie Symptome zeigen am ansteckendsten sind. Die Weltgesundheitsorganisation stellt fest: »Vielleicht wird dieses Virus nie verschwinden.«

Obwohl die tatsächlichen Zahlen zweifellos viel höher liegen, gibt es jetzt 89.000 bestätigte Todesfälle – 22.000 in den letzten zwei Wochen – bei über eineinhalb Millionen bestätigten

Infektionen. Der Präsident sagt: »Wir lesen darüber und wir sehen das, und die Nachrichten berichten darüber. Aber ein sehr, sehr kleiner Prozentsatz, es ist ein sehr, sehr kleiner Prozentsatz, das sage ich immer wieder. Es ist ein winziger Prozentsatz. Das ist ein sehr kleiner Prozentsatz.«

3.–16. Mai 2020

Beatrice Faßbender, geboren 1972 in Reinbek, lebt in Berlin. Sie hat u. a. Gedichte von Jeffrey Yang und Prosa von Priya Basil übersetzt sowie die Bände »Vogelgeister« und »Neunzehn Arten Wang Wei zu betrachten« von Eliot Weinberger. 2014 erschien die von ihr herausgegebene Anthologie »New York. Eine literarische Einladung« (Wagenbach).

Eike Schönfeld, geboren 1949 in Rheinsberg, hat Werke von Nicholson Baker, Saul Bellow, Charles Darwin, Joan Didion, Henry Fielding, Jonathan Franzen, J. D. Salinger, Oscar Wilde und vielen anderen übersetzt und wurde u. a. mit dem Heinrich Maria Ledig-Rowohlt-Übersetzerpreis ausgezeichnet. Er lebt inzwischen in Paris.

Peter Torberg, geboren 1958 in Dortmund, lebt in Bayern. Er hat Bücher u. a. von Paul Auster, Dave Eggers, Raymond Federman, Rudyard Kipling, John Le Carré, Michael Ondaatje, Mark Twain, Irvine Welsh und vielen anderen übersetzt, für Berenberg »Das Wesentliche« und »Orangen! Erdnüsse!« von Eliot Weinberger.

★

»Ratschläge für Washington aus dem Alten China«, »Wo ist der Westen?«, »Wer alles nicht für Trump stimmen wird« , »Zehn typische Tage in Trumps Amerika« und »Das amerikanische Virus« wurden von Beatrice Faßbender übersetzt; »Die Republikaner: ein Prosagedicht«, »Was ich hörte vom Irak«, »Wen sie hätten nehmen können« und »Ein Sommer in Amerika« von Eike Schönfeld; »Staatsstreich ohne Blutvergießen« von Peter Torberg.

Eliot Weinberger bei Berenberg

Eliot Weinberger

Das Wesentliche

»*Der größte Essayist der Welt wahrscheinlich. Er sollte den Nobelpreis kriegen.*«
Clemens Setz

»*Weinberger breitet seine Miniaturen mit Sorgfalt vor dem Leser aus. Der staunt.*«
Jenny Hoch, Spiegel online

»*Eliot Weinberger schreibt in seinen brillanten Essays eine Poesie des Wissens.*«
Daniel Sundermann,
Die Literarische Welt

»*In seinen brillanten Essays gibt [Weinberger] dem Ideal vom Universalgelehrten ein neues, zeitgemäßes Gesicht.*«
Andreas Martin Widmann,
Titel-Magazin

»*Er lebt in New York, doch er hat die ganze Welt im Blick: Eliot Weinberger.*«
Sabine Neubert,
Neues Deutschland

Die hier versammelten Nachrichten aus 4000 Jahren Natur- und Menschheitsgeschichte handeln vom Wind, von Strudeln, Menschen, die Chang heißen, von Mohammed, von William Blakes Tiger, von Noahs Nachkommen in Irak und Iran, von Göttern, Heiligen und Zaunkönigen. Es sind Stücke von großer poetischer Schönheit. Ihr Autor, Eliot Weinberger, ist einer der vielseitigsten kritischen Publizisten in den USA, dessen große Liebe aber seit jeher dem babylonischen Gewirr der kulturellen Zeichen aus aller Welt und allen Zeiten gehört. Zusammengelesen ergeben diese Texte ein großartiges, weltumspannendes Bild, in dem das Wort Globalisierung einen ganz anderen, fremderen, zugleich wärmeren Sinn bekommt.

Aus dem Englischen von Peter Torberg
216 Seiten · Halbleinen
fadengeheftet
ISBN 978-3-937834-29-0

Eliot Weinberger
Vogelgeister

Eliot Weinberger ist der Poet unter den Essayisten. Und er verblüfft uns immer wieder mit seinem schier grenzenlosen Wissen. Wer sonst wüsste Neues über Adam und Eva zu berichten? In dieser Fortsetzung seiner Sammlung »Das Wesentliche« erzählt Weinberger unter anderem von ausgestorbenen Vögeln Neuseelands, von Reisen auf den Flüssen der Welt, der Mythologie ganz gewöhnlicher Steine, von Träumen von Menschen namens Chang und, ja, von verheirateten Fröschen – wahre Geschichten, so fabelhaft sie auch scheinen. Die Welt wird größer, wenn man sie mit den Augen Eliot Weinbergers sieht, und schöner, wenn man seine unvergleichlichen Texte liest.

Aus dem Englischen von
Beatrice Faßbender
144 Seiten · Halbleinen
fadengeheftet
ISBN 978-3-946334-22-4

Eliot Weinberger
Neunzehn Arten Wang Wei zu betrachten

Auf so klare wie elegante Weise führt Eliot Weinberger in diesem originellen Buch die Schwierigkeiten (und die Notwendigkeit) von Übersetzung vor. Er präsentiert ein einziges kurzes Gedicht aus der Tang-Dynastie in unterschiedlichen Übersetzungen – von einer wörtlichen Aufschlüsselung der chinesischen Schriftzeichen bis zu freien zeitgenössischen Interpretationen amerikanischer Dichter und ausgewählten internationalen Übertragungen. Ein unverzichtbarer Klassiker für jeden, der sich für Sprache und literarische Übersetzung interessiert.

Die deutsche Ausgabe wurde ergänzt um Neuübertragungen von Hans Jürgen Balmes, Daniel Bayerstorfer, Ulrike Draesner, Michael Krüger, Norbert Lange, Dong Li, Ilma Rakusa, Monika Rinck, Hans Thill, Sarah Wipauer und Uljana Wolf.

Aus dem Englischen von
Beatrice Faßbender
112 Seiten · flexibler Leinenband
fadengeheftet
ISBN 978-3-946334-58-3

Die Texte des Kapitels »Bushs Amerika« sind im Original in der Essaysammlung *What Happened Here. Bush Chronicles*, erschienen 2005 bei New Directions, New York, enthalten und wurden in deutscher Übersetzung teilweise zuerst bei *Lettre International* veröffentlicht. Alle übrigen Texte erschienen im Original in der *London Review of Books*.

In einer Anmerkung zu *What Happened Here* schrieb Eliot Weinberger: »Ich bin ein literarischer Autor, kein Experte, Insider, professioneller Kommentator. Die chronikartigen Essays bilden als Schnappschüsse das ab, was ein Zeitungsleser an bestimmten Tagen der jüngeren Geschichte gedacht hat. (...) Die ›Republikaner‹ und ›Was ich hörte vom Irak‹ sind von Charles Reznikoff inspiriert, der für seine buchlangen Gedichte *Testimony* und *Holocaust* zahllose Bände mit Prozessakten durchforstete.«

© Eliot Weinberger
© für diese Ausgabe:
2020 Berenberg Verlag GmbH, Sophienstraße 28/29, 10178 Berlin

Konzeption | Gestaltung: Antje Haack | www.lichten.com
Satz | Herstellung: Büro für Gedrucktes, Beate Zimmermanns
Einbandillustration: Antje Haack
Reproduktion: Frische Grafik, Hamburg
Druck | Bindung: CPI – Clausen & Bosse, Leck
Printed in Germany
ISBN 978-3-946334-69-9